「しつもん」で夢中をつくる！

子どもの人生を変える好奇心の育て方

藤代圭一

旬報社

〔目次〕

第2章 好奇心は未来が求める力

第3章　子どもの好奇心を育てる大人のルール

第4章　子どもの好奇心を引き出すために

第5章 夢中をつくる「しつもん」テクニック

第6章　大人も好奇心を取り戻そう

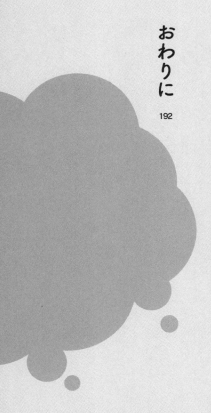

はじめに

たとえば、あなたに野球をしている子どもがいたとします。

好きなことには夢中になって取り組むのに、そのほかのことには無頓着。数日前には、もっとうまくなりたいと言っていたのに、自宅で練習するようなそぶりを見せることなく、指示されないと動きません。

そんなとき、あなたは何と言いますか？

「家でも練習しなさい！」

あなたの本心そのままですね。これだと「今からやろうと思ったのに」「せっかくやる気になったのに、やる気なくなった」と子どもから言い訳ばかりが返ってくるでしょう。

ですが、どのように伝えるかで結果を変えることができます。

「大谷翔平選手が小学生の頃にやっていた練習、興味ある？」

怒られると思っていた子どもは「え、なに？　どういうこと？」と最初は戸惑うかもしれません。けれど、憧れている選手と自分を重ねて、興味や好奇心を抱き、やる気が湧いてきます。

怒ることも質問することも、「家でも練習してほしい」という思いは同じはず。事実、私自身もこの方法で子どものやる気を引き出しています。

もう1つ。今度はあなた自身の学生時代を振り返ってみましょう。

教室のクラスメイトにあなたの片思いの人がいます。しかももうすぐ誕生日。あなたはその人に何かプレゼントをしてよろこばせたいと考えています。

そんなとき、あなたの中に自然と生まれてくる質問は何だと思いますか？

A　「変なプレゼントをしたら嫌われないかな？」

たとえば、こう自分自身に質問をしてしまうと、生まれてくるのはネガティブな感情と不安ばかり。プレゼントを渡すこともできないかもしれません。

ですが、質問を変えるだけで結果を変えることができます。

B 「どうすれば、あの人によろこんでもらえるかな？」

すると、あなたは自然と好きな人がよろこんでくれることを探しはじめます。どんなことが好きなのか、嫌いなことは何か、どんな時間を大切にしていて、どんなことに幸せを感じるのか。好きな人のことをより知りたいと興味や好奇心を抱き、きっと成功する確率も高まるはずです。

AもBも、じつはどちらも「よろこんでほしい」という思い。けれど、同じ思いでも、ちょっと伝え方や質問を工夫するだけでものごとに変化を起こすことができるのです。

ご挨拶がおくれました。しつもんメンタルコーチの藤代圭一と申します。

ふだんは、スポーツに取り組む選手や子どもたち、指導者のみなさんを対象に、質問をすることでやる気を引き出す方法をお伝えしています。

じつは先ほどの例、どちらも私自身の話です。

自主的に行動しない子どもを責めては自己嫌悪に陥り、好きな人によろこんでほしいと思うものの、失敗することが怖くて行動することができませんでした。

10年ほど前、私はサッカーコーチとして子どもたちとかかわっているものの、ずっと悩み続けていました。何を伝えても言うことを聞いてくれない子どもたち。イライラはたやすく頂点に達し、指示や命令をするだけでなく、罵倒や暴言を浴びせては「やる気がないならもうこなくていい」と言い出す始末。

自分の指導力の低さを棚に上げ、すべてを子どもたちにもとめていたのです。その結果、勤めていたサッカースクールの会員数は激減。毎日、現場に行っては退会者数が増えていく恐怖におびえていました。

けれど、その後、質問の技術を知り、身につけ、子どもたちと一緒に成長できるナマの経験をしました。もがきながらたくさんの子どもと接し、考え、試行錯誤しながら実践してきたのです。

どのような質問をするかによって、子どもたちの考える力も、行動も、そして結果にも大きな変化が起こります。

けれど、質問であればどんなものでもいいかというとそうではありません。一口に質問といっても、「効果的な質問」もあれば、子どもを問い詰める「詰問」、取り調べのような「尋問」など、さまざまなものがあります。私の定義する質問は、子どもたちに気づきを与え、自ら考え、行動を起こさせるもの。その違いを表現するために、あえてひらがなで「しつもん」としています。

前著『子どものやる気を引き出す7つのしつもん』(旬報社)では、指導現場やご家庭で子どもについしてしまいがちな「尋問」をやめて「しつもん」をしましょうとお伝えしました。


「なんで、シュートを決めなかったんだ?」

「なんで、あんなエラーするんだ?」

「なんで、ミスしたんだ?」


子どものミスや失敗に対して「なんで?(WHY)」と問いかけることは尋問でしかありません。たずねている本人は「ただただ理由を知りたいだけ」なのですが、問いかけられている子どもは「ミスを指摘、非難されている」と受け取り、返答は
「だって、相手が上手いんだもん」

「ボールがイレギュラーバウンドしちゃって」

「ちょっと今日は調子が悪かったから」

と言い訳ばかり。もっとも過度なケースになると、聞いても「ごめんなさい」とすぐに謝罪するなど、思考が停止してしまっている子どもも少なくありません。

けれど、聞き方を少し変えるだけで変化が起こります。

「どうすれば、シュートを決められたと思う？」
「どうしたら、次はキャッチできそう？」
「どうしたら、ミスをしなかったと思う？」

「どのようにすれば？（HOW）」と問いかけることによって、子どもたちは自分自身で課題を発見し、アイデアを見つけ、改善策を考えることができるのです。

子どもはもともと、自分で考え、行動する原石を持っています。それを磨き、輝くために私たちができることは、体験をつくり、しつもんを工夫することなのです。

子どもたちが自ら学び、成長し続ける最高の状態を、私たち大人はじつはすでに知っています。なぜなら、これを読んでくださっているあなたも、すでに通ってきた道だからです。

それは、「夢中になること」。

あなたも親やまわりの大人から「もうやめなさい」と言われたにもかかわらず、何かに心を奪われ、ほかのことをまるで考えられなくなったことがあるはずです。

日が暮れても、ボールを追いかけ続けたこと。

どろんこになって、昆虫を探し続けたこと。

寝ることも忘れて、本の物語に惹きつけられたこと。

心を奪われ、ほかのことを考えられない状態のことを「夢中」といいます。そして、夢中の扉を開くカギこそが「好奇心」なのです。

「オリンピックはどうやって生まれたんだろう?」としつもんすれば、そこに「知りたい!」という好奇心や探究心が生まれます。「チームの仲間が大切にしていることは何かな?」としつもんすれば、そこに「話してみたい!」という興味が生まれます。

好奇心こそが子どもたちを動かす原動力であり、その種を見つけて芽を出させることができれば、たとえ長く険しい道でも子どもは自ら進んでいくことができるのです。

よいしつもんは、子どもの好奇心を引き出し、育てます。

そうすることで子どもたちが夢中になり、何かを探究する姿を目にしているのは私だけではありません。

「あんなに言わなきゃやらなかった子どもが、自ら練習するようになりました！」
「宇宙に興味を持ち、自由研究に取り組む姿に感動しました」
「いつも自分の話ばかりしていた息子が、人の話を最後まで聞けるようになったと学校で褒められました」

これまでお父さんやお母さん、指導者のみなさんから寄せられた素敵なエピソードにうるっときたり、「なるほど、そのしつもんも素敵だなあ！」と私も驚くことがあります。一方で「しつもんのことをもっと具体的に教えてほしい」「好奇心ってどうやって引き出せばいいんですか？」という声も増えてきました。

「やらせること」は子どものやる気を奪ってしまいます。一方で「知りたい！」「やりたい！」といった好奇心を引き出すことができれば、子どものやる気だけでなく幸福感も高まるのです。

本書は私自身がこれまでトライアル＆エラーを繰り返して身につけた「好奇心を引き出す方法」をまとめたものです。好奇心が生まれたとき、子どもたちは自らのエネルギーで険しい道をいとも簡単に進んでいきます。一緒に子どもの「知りたい！」「やりたい！」を引き出していきましょう。

第1章

世界を動かすのは好奇心だ

貧しい家庭で育った少年

少年は、ある小さな町の貧しい家庭に生まれました。5人兄弟の4番目で、妹が1人。大工として働いていた父の稼ぎはごくわずかで、決して恵まれた環境ではありませんでした。

彼は絵を描くことが大好きでした。4歳で田舎に移り住んだときは、自宅の壁一面に絵を描き、家族を驚かせたこともありました。一家は農園を営んでいたので、豚や犬など動物たちの絵も得意でした。

自然豊かな田舎暮らしから一転、都会で暮らし始めると、父は新聞配達業を始めます。少年は朝早く起き、雨が降る日も雪が積もる日も毎日配達を手伝いました。けれど、父からお金をもらえることは一切ありませんでした。

彼は苦しい生活の中でも大好きな絵を描き続け、パラパラマンガをつくっては妹に見せていました。妹は笑って大よろこび。絵を描くことと人を楽しませることが生きがいだった彼は、大人になってからアニメの映画制作を仕事に選びました。

家庭を持った彼が、2人の娘を連れて遊園地へ遊びに行ったときのことです。娘たちは楽しそうに遊具で遊んでいるのに、ベンチに座ってスナック菓子を食べているだけの自分に気づきます。

「どうして、大人も一緒に楽しめる場所がないんだろう？　子どもと大人が楽しめる遊園地があればいいのに」

素朴な疑問と「どんな遊園地なら、子どもも大人も一緒に楽しめるだろう？」という好奇心が、彼の中に生まれた瞬間でした。

好奇心から生まれた夢の国

彼は「夢の国」をつくろうと考えました。こんな遊具があってもいいんじゃないか？　こんなアトラクションがあったら楽しそう！　少年の頃に好きで描いていた動物たちとの思い出が、いろいろな構想へと発展しました。

しかし、建設するためのお金が集まりません。信頼していた兄からも反対されますが、彼は自分自身がワクワクする「夢の国」への好奇心をすてきれず、お金集めに奔走します。映画会社のライバルだったテレビ局へ自ら出演。国民的人気を得て、資金を集め続けました。

1955年7月、アメリカのカリフォルニア州アナハイムにこうして誕生したのが「ディズニーランド」です。そう、彼の名前はウォルト・ディズニー。絵を描き、人を楽しませることが大好きだった少年は、時代を超えて愛されるミッキーマウスを生み、子どもも大人も楽しめる遊園地をつくり出したのです。


その後も、彼の好奇心はとどまるところを知りません。

「ディズニーランドは永遠に完成しない。世界に想像力がある限り、成長し続けるだろう」と、常に新しいアトラクションやイベントを誕生させました。

日本にあるディズニーランドも同じですね。のちにディズニー・シーが加わり、今もランド全体は完成されていません。2018年には第3のテーマパークの構想が発表されました。ウォルト・ディズニーが亡くなったあとも、彼の遺志を継いだスタッフたちが豊かな発想力と創造力で世界の人々を楽しませてくれているのです。


ウォルト・ディズニーが生み出した夢の国には、子どもも大人もわくわくする仕掛けがたくさんあります。アトラクションや目玉となる季節ごとのパレード、壁やドアに密かに描かれているキャラクター、知る人ぞ知る体験など、「えっ！」と驚いたり「すごいっ！」と思わず声が出てしまう光景が至るところにあります。「次はどんな楽しいことが待ってるんだろう」とワクワクする気持ちこそが、私たちがディズニーランドにひかれる理由の1つです。

ディズニーが教える夢を叶える秘訣

夢をかなえる秘訣は、4つのCに集約される。それは、好奇心（Curiosity）、自信（Confidence）、勇気（curiosityourage）、そして継続（Constancy）である。

――ウォルト・ディズニー

まわりから反対されても、お金がなくても、自分の夢を叶えようとした行動力は彼の好奇心から生まれています。「どうして？」「なぜ？」「もっと○○だったら？」という自分自身への質問が、その後の行動につながります。大人になると失ってしまいがちな好奇心をいつまでも持つことが、夢を叶えるための秘訣の1つであると彼は言っています。もういい大人だから、もう歳だから……私たちは成長するにつれて「自分には難しい」

「現実的ではない」と自分でつくった檻の中に自分を閉じ込めてしまいがちですが、好奇心は年齢に関係なく存在しています。

「いつまでも子どもの心を失わない」

子どもの心とは、つまり好奇心のこと。ウォルト・ディズニーが残してくれたものは、夢の王国と好奇心の大切さだったのかもしれません。

好きなことをとことん探究する

ハイハイしているときから、紙とペンさえあれば終始ご機嫌。夢中になって絵を描いていた少年は、一度好きになったものは、最後までやりきらないと気がすまない性格でした。

兄と一緒に砂場で遊んでいると、こんどはどろだんごづくりに夢中。お兄ちゃんは2、3個つくったら飽きてしまうのに、「砂場のふちにぜんぶどろだんごをおかないと帰らない！」とゆずりません。

ほかの遊具には見向きもせず、ふちいっぱいに泥団子を並べると、少年は大よろこび。砂場のまわりをスキップし、「今日は112個だった！」と満足げに言いながら家路につくのです。

彼が次に夢中になったものは「トラック」です。大好きな「はたらく自動車」の中でもトラックにはさまざまな形があり、動きも特殊で、まるで生きているように感じられたのです。

「ライトが目で、ナンバープレートが口で、背中が動いたり、お尻が開いた！」

トラックたちが生き生きと意志を持っているようで、夢中でトラックの絵を描いていました。中でもとくに彼を虜にしたのは「ゴミ収集車」です。街中でゴミ収集車を見つけては「待ってー！」と追いかけていました。

その後、少年は小学校に入学。テストの成績もスポーツも決して優れたほうではなく、先生からは「問題児扱い」されてしまうほどでした。ある日、少年のノートにクラスのリーダーが〝ある生き物〟をいたずら書きしました。少年は見たこともない謎の生き物の姿に驚き、授業を進める先生の言葉もまったく頭に入りません。

「この生き物は何なんだろう?」

放課後になると、少年は図書館の図鑑コーナーに一直線! 「生き物」「動物」「恐竜」「虫」「魚」「海の生き物」……図鑑をすべて引っ張り出して、ランドセルを背負ったまま床に座り込んで片っ端から探しました。

けれど、どこを探しても友達が描いた生き物は見つかりません。最後の一冊「海の生き物」を前にし、「もしかして生き物じゃなかったのかなぁ」とあきらめる気持ちも湧いてきました。

しかし、ついに、ついに見つけたのです! 「あ、あったぞー! いたいた! これだ、きっとこれだ! そうか、タコっていうんだ!」。頭の中のもやもやとした霧がぱっと晴れた瞬間でした。

それからは、タコをはじめとした海の生物に夢中になりました。図鑑や本を見て、絵を描くだけでは飽き足らず、実際に見て、体験することで、さらに少年は「海の生き物」に引き込まれていったのです。

さて、あなたはこの物語の少年は誰だと思いますか?

少年は大人になり、今では東京海洋大学客員准教授。農林水産省の特別委員や日本ユネスコの広報大使も務め、テレビや講演でも大人気です。

そう、みなさんご存じ「さかなクン」です。

友だちのタコのいたずら書きをきっかけに、「これは何だろう？」という好奇心に導かれ、海の世界にどんどん夢中になり、気がつくと日本では誰もが知っている人気者になったのです。

そして、彼の座右の銘は「一魚一会（いちぎょいちえ）」。一瞬一瞬の出会いや好奇心の種を大切にしている姿勢が現れている言葉です。

「人」への好奇心が広げる世界

「兄がやっていたから」

「キャプテン翼が好きだったから」

ある少年は、スポーツを始めるきっかけとしてはごく普通の理由でサッカーと出会い、純粋な気持ちでサッカーが好きになりました。

「どうしたらあんなプレーができるんだろう？」

マンガでイキイキと描かれる選手たちに胸を躍らせ、「いつか自分もあんなプレーがしてみたい」とボールを蹴り続け、高校はサッカーの強豪校へ進学します。

そうやってサッカーへ情熱を傾ける一方、「サッカーしか知らない人間にはなりたくない」と、勉強や資格取得にも取り組みました。彼が高校時代に発したとされるこの言葉は、サッカー人生が終わったあとに生かされることになります。

Jリーグや日本代表、そして海外のクラブでもプレーした彼は、29歳で現役を引退。多くのファンや関係者から「まだできる」「次は指導者に」という声がありながらも、「プレーすること」が好きだった彼はサッカー界から距離を置くことを選びました。

解説者でもなく、タレントでもなく、彼が選んだ道は世界各地を旅すること。

サッカーのほかに自分の好きなものは何なのか。サッカー以外の世界を知らなかった29歳の青年は、自分の好きなことを見つけるために、世界中を回ることにしたのです。

引退後、2年間で70にもおよぶ国と地域を訪れた彼は、どの国に行っても必ず「日本はどうなんだ？」と聞かれることに気づきます。**自分が日本人であることを認識させられたにもかかわらず、果たして自分は日本を知っているのだろうか。日本はいったいどんな国で、どんな文化を持っているのか。**

まだ自分は何も知らないと感じた彼は、こんどは日本全国47都道府県をすべて巡るという旅に出たのです。

全国各地の旅をし、文化に惹かれた彼はさらに「日本酒」に注目しました。酒蔵をまわり、日本酒の文化に触れていくと、世界から見た日本酒は世界基準ではないことに気づいたのです。

たとえば、日本酒のラベル。「十四代」「一ノ蔵」といった日本語で表記されているものばかりなので、海外の人は読むことができません。世界でプレーし、世界をまわって経験した彼だからこその視点ですが、各地を訪ねるうちに、彼は日本酒づくりに携わる人々にも興味を抱くようになります。

あるインタビューで、「自分を形づくっているものは何だと思いますか?」という質問にこう答えています。

「やっぱり、好奇心じゃないかな。だけどその好奇心が、僕の場合は歴史とかではないと思う。自分は今を生きているから、『今』が大事。もちろん、『今』を理解していくうえで、過去や歴史を見ていくことは必要なときがあると思いますが。ともかく、その

『今』っていうのは人がつくっているから、だから人が好きなんだと思う。確かに歴史的な場所に行ったり美術館や博物館に行ったりするのも好きだし素晴らしいものも好きだけれど、だけども僕にとって大事なのはそのモノを手に入れることよりも、モノをつくれる人を知ること。そして、仲良くなること！[1]」

彼の名は、中田英寿さん。

サッカーが好きな方にはこのお話は有名かもしれませんね。好奇心にあふれた彼が、一番興味を持っているのは「人」。人に興味を持つことでさらに世界が広がり、さまざまな考え方に触れ、自分の世界を広げていく。自分の中に抱いている好奇心に素直に従って生きることで、プロサッカー選手を引退したあとでも、その考え方に共感した人々が集まり、また人々も彼の生き方に注目しています。

２０２０年４月からは立教大学経営学部の客員教授に就任するという中田さん。彼の中に生まれた好奇心が世界を広げるきっかけとなっていたのです。

(1) News Picks 加藤未央「中田英寿、日本を語る」 https://newspicks.com/news/1332041/

好奇心には「共感」が集まる

自分の中に生まれた好奇心に耳を傾け続けた3人の例を見ていくと、好奇心は人々の「共感」をも集めるということに気づきます。

「どんな遊園地なら、子どもも大人も一緒に楽しめるだろう?」
「海の生き物が大好き。大好きな魚をもっとたくさんの人に知ってほしい」
「文化をつくっている人が好き」

好奇心から生まれる素直な思いや行動に、「私もそう思う」「うんうん、わかる!」という共感が生まれることで、さらに輪が広がっていく。それはビジネスの1つでもあり、ビジネスの枠を超えた心の交流でもあります。

なぜ好奇心を持つことが人々の共感を集めるのでしょうか?

著名な脳科学者である林成之先生は、私たち人間には、生まれながらに持っている本

図：生まれながらの4つの本能

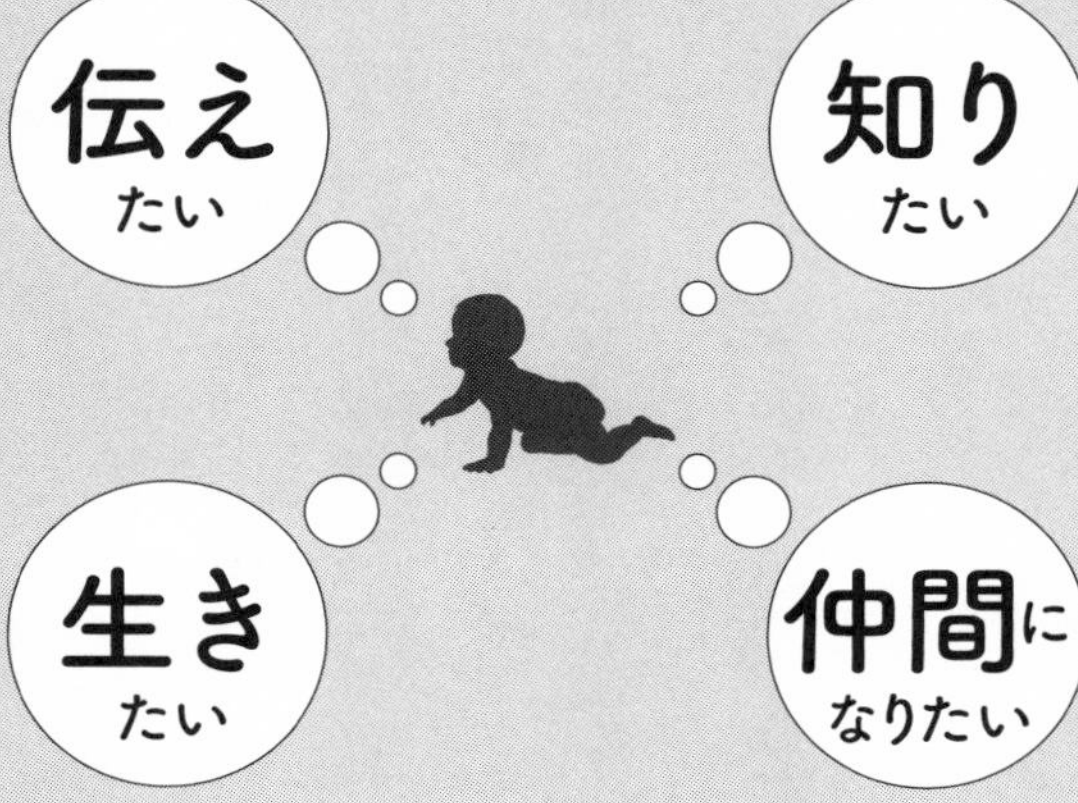

能が4つあると言います。

- ●知りたい
- ●仲間になりたい
- ●伝えたい
- ●生きたい

「知りたい」はまさに好奇心そのものであり、私たちはこの好奇心があるからこそさまざまな情報を得ようとします。好奇心は純粋で無垢なものです。

インターネット検索エンジンの1つであるグーグルで調べることを「ググる」と言いますが、なんと1分間に400万件もの言葉が世界中で検索されているといいます。それだけの好奇心が、今もこの世界で動いているということなのです。

インターネットやSNSの発展は「仲間になりたい」「つながりたい」という本能が支えているといってもいいかもしれません。ほんの10数年前まで実名をネット上にさらすことは危険であるとされてきましたが、その概念を覆したのがフェイスブックでした。ツイッターから発生したハッシュタグの文化も、仲間になりたいという本能から生まれたと考えると、自然の流れに感じられます。

「伝えたい」という本能はSNS全盛期の現代に限らず、歴史上、人類が培ってきた文化を生んでいます。遺跡の壁に描かれた絵、地域ごとに異なる言語、手紙、新聞、電話、雑誌、テレビ、私たちの暮らしは人々の「伝えたい」という本能であふれています。

知って、伝えて、仲間になって、自分の人生を生きたい――。

人間の本能は、好奇心のかたまりでもあります。

反対に言えば、だからこそ好奇心があるところに人は集まり、共感する。好奇心旺盛な人生を歩む人が成功を収めるのは、人間の本能に従っているからといってもよいのかもしれません。

好奇心が育む7つの力

好奇心があることによって、子どもたちや私たち大人はどのような力を伸ばすことができるのでしょうか？　好奇心が大切だと漠然とは理解しているものの、具体的に言葉にすることは難しいかもしれません。ここでは好奇心が育む7つの力についてご紹介したいと思います。

●1　物事に進んで取り組む力

1つ目は、好奇心があると自ら進んで物事に取り組むようになることです。

「なぜ？」「どうして？」という疑問が生まれ、その問いの答えを見つけようとすることは、思考から行動へと移るパワーとなります。

新しいチャレンジをするとき、一般に、私たちの心の中には2つの反応パターンがあります。

たとえば子どもたちに「これをやってみよう」と過去に体験したことのない方法を紹介したときに、「おもしろそう！　やってみたい！」とわくわくする気持ちを持つ子もいれば、「失敗したらどうしよう」「自分にできるかな」とまだ起こっていないことを心配する子もいます。

そこには「変化を楽しむ」のか、「変化を恐れる」のかという違いがあります。好奇心をもたせることで、ふだんは変化を恐れて尻込みしがちな子どもの気持ちにスイッチを入れることができるのです。

●2　疑問を持つ力

疑問を持つこと自体が好奇心の現れですが、好きなもの、好きなことに興味を持つと、「どうして？」「なぜ？」という疑問が浮かんできます。

たとえばサッカーで、シュート練習に取り組んだとします。選手たちは言われた通りの練習を繰り返しますが、好奇心があればこんな疑問がわいてきます。

「どうしてこの練習をするんだろう？」
「この練習は試合のどの場面で使うんだろう？」

言われたことだけを単純に繰り返すことはただの反復練習にすぎません。「コーチの言葉にはどんな意味が含まれているんだろう?」と疑問を持ち、練習の背景や理由を考えることで自主性が養われ、自分が取り組んでいることに対する理解も深めることができるのです。

●3 働きかける力（協働）

スポーツも人生も、自分ひとりでできることもあれば、自分の力だけではできないことがあります。そのため仲間や人に働きかけ、協力する力が必要です。

ある日、カフェでコーヒーを飲んでいると、近くに2組の家族が座っていました。お父さんやお母さんはおしゃべりに夢中。子どもたちは子どもたち同士で、人気のゲーム機で楽しそうに遊んでいます。

子どもの行動を観察していると、あることに困っているようでした。どうやら、ゲーム機をネットワークにつなげるともっと楽しめるはずなのに、その方法がわからず四苦八苦していたのです。

どうするかな、と眺めていると彼はお母さんに言いました。

「ねえ、お母さん、Wi-Fiつなげて！」

まだかなり幼い子どもたちでしたが、「ゲームをやりたい！」という強い好奇心を抱いていなければ、大人にお願いしたり、働きかけたりまではしなかったでしょう。「どうしても知りたい」「どうしてもやりたい」という好奇心は働きかける力を自然と育んでくれるのです。

●4　伝える力（発信力）

4つ目は、伝える力です。

前述したさかなクンがわかりやすい例かもしれませんね。「魚が好きだ！」という好奇心を持つ彼は、絵を描いたり生態を調べたりして、それを発信し続けています。好奇心が育む「伝える力」は、人間の本能が持っている「伝えたい」という力でもあります。

他者へ働きかけるためにも、私たちには「伝える力」が必要です。

自分が興味のある分野を本気で探究するには、何に惹かれているのかをまわりに具体的に伝えなければなりません。そのためには自分自身と向き合い、

「自分は今、どんなことに興味を持っているだろう？」
「なぜ惹かれているのだろう？」

と目に見えない心の声を言葉に変えて、誰にでもわかるように伝えていくプロセスが必要になります。

インターネットが発達したおかげで、自分の興味があることを対して手軽にアクセスできるようになったと同時に、同じ興味や夢を持つ仲間を募ることも可能になりました。ツイッター、インスタグラム、ユーチューブ、フェイスブック、ブログなど、**誰でも発信ができる時代だからこそ、伝える力があるかどうかによって人々の共感を得られるかが違ってくる**と言えます。

●5　聞く力（傾聴力）

「なぜ？」という疑問を持ち、その疑問を解くためには、誰かに話を聞く機会が増えます。

情報社会の発達で、10年前に比べて人々が接する情報量は400倍とも500倍とも言われていますが、情報源はどこかといえば、最終的には「人」が持っています。

「あのことについて、誰がくわしく知っているんだろう？」

親、先生、校長先生、友だち、クラブのコーチ…そうやってさまざまな大人に話を聞くことは、人の話を聞く力を育ててくれます。

子どもたちは自分の興味があることなら、時間を忘れて話を聞いたり質問攻めにしてきたり、その好奇心はますますふくらんでいきます。第3章で詳しく説明しますが、そのときに大切なのは大人のかかわり方です。

「忙しいからあとでね」
「なんでそんなこと聞くの？」

そうやって好奇心の芽をつむような言葉を投げかけていないでしょうか。

好奇心は聞く力を育んでいる。その意識を持つだけでも子どもへの対応が変わってきます。子どもにとっても大人にとっても必要なスキルですので、ぜひ一緒に高めていきたいものです。

●6　やり抜く力

好奇心に駆り立てられた子どもたちは自然と「やり抜く力」を身につけていきます。

「努力することはつらいこと」と考える選手がいる一方で、「努力することは楽しいこと」と考える選手もいます。朝早く起きなければならない練習の日、もしあなたならどんな思いを抱くでしょうか。

「朝早いからいやだな」
「朝から練習ができる！　楽しみ！」

一見つらいと思うことも、好奇心があれば楽しくやり抜くことができます。**成功した選手や経営者に話を聞くと、試練や困難をまるでゲームを楽しむように乗り越えていく人が多くいます。**

もちろん一流の経営者は真剣に経営を学んできています。一流のスポーツ選手もさまざまな困難と向き合い、乗り越えています。でも、そうした努力を努力だとは感じていない。彼らにとって、困難は困難ですらなく、夢ややりたいことを実現するためのステップ（飛び台）になっているのです。

やり抜く力を最近では「Grid（グリッド）」という言葉で説明することもあります。最高のパフォーマンスを発揮できる「ゾーン」や「フロー」という言葉と同じように、スポーツだけでなく教育やビジネスにおいても注目されている力です。

努力を努力と感じないほど夢中になって取り組むことができるのは、好奇心があるからこそだと言えるでしょう。

●7　考え抜く力

好奇心には、〝淡い好奇心〟と〝濃厚な好奇心〟があります。

淡い好奇心とは、「このサスペンスドラマの犯人は誰だろう？」とか「この小説の結末はどうなるのだろう？」といったものを想像してもらえるとわかりやすいかもしれません。特徴として、疑問が浮かぶと答えをすぐに知りたくなります。けれど、答えを知った途端に満足し、ふくらんだ好奇心がしぼんでしまうのです。

その一方で、濃厚な好奇心は、「**人間とは何か？　人間と動物の違いとは？**」「**神はいるのか？**」「**宇宙の果てはあるのか？**」といった、答えが簡単には見つからないテーマに対するもの。こうした濃厚な好奇心こそが私たちの社会を進歩させてきたといえるでしょう。

図：好奇心が育む7つの力

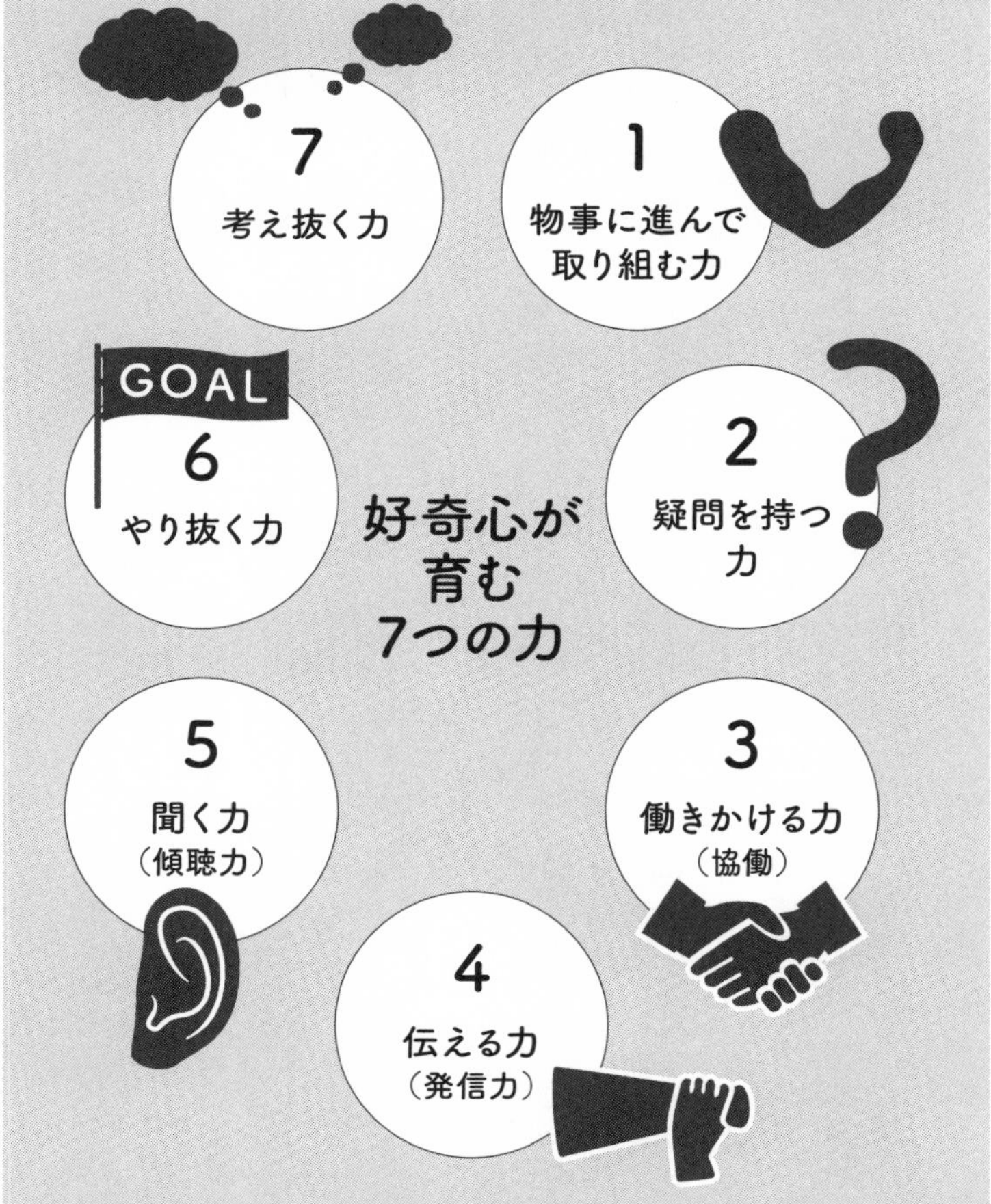

すぐに答えが見つからないからこそ、「知りたい」という好奇心はますます強くなり、考え抜く力を育んでくれます。

2018年にノーベル医学生理学賞を受賞した本庶佑《ほんじょたすく》氏は、「知りたいという好奇心と教科書を信じない心」を大切にしていたそうです。また、2019年にノーベル化学賞を受賞した吉野彰《あきら》氏も「好奇心が研究の原動力」だったと述べています。

好奇心を持つことは人生に影響を与え、生きる力を育みます。そして、今以上に変化していく未来においても、新たな道をつくるのです。

第2章

好奇心は未来が求める力

話を聞いてくれない子どもたち

「いつか教壇に立って子どもたちに授業がしたい」

これは大学を中退したあとに、私が抱いた夢の1つでした。

子どもたちを前にすると自然と胸が高鳴ります。けれど、この仕事を始めたばかりの頃は、言うことを聞いてくれない子どもたちに悪戦苦闘していました。

初めて大阪の中学校で授業をおこなったときのことです。私が一生懸命に話をしているにもかかわらず、何人かの生徒たちは教室の後ろでプロレスごっこを始めたり、漫画を教科書で隠しながら読んでいたりしました。

「話をちゃんと聞いてね！」

そう伝えるも、いっこうに態度は改善されません。私の話よりも夢中になれるものがあると、子どもの好奇心は簡単にそちらへ向かってしまうのです。

「仕事を終えて、待っているだろうと急いで学童保育に迎えに行っても、なかなか家に帰れないんです」

小学1年生の娘さんを持つお母さんは困っていました。話を聞くと、せっかく急いで迎えに行ったのに、「さようなら」を言ったあとも砂場で遊んだり、アリやダンゴムシを見つけてはそこに座り込んでじっと見ていたり。

同じ時間にお迎えのある友だちが加わると、お手上げ状態。「もう帰ろう」と言ってもその声さえ耳に入っていないのか座り込んで動かず、ママ友と会話をしているうちにまた違う遊びを始めてしまい、「いつまでたっても帰れない!」と言うのです。

子どもたちのサッカー練習でも同じような光景が見られます。全体練習が終わってから、チームメイトとシュートなどの練習にのめり込み、時間も忘れて、日が暮れても帰ろうとしない子がいます。

「もう夕ご飯だから帰ろう」

「暗くなってきたから、終わりだよ」

「あと5分だけだぞ」

スポーツの現場にかぎらず、こうした光景はいたるところにあるのではないでしょうか。むしろ「はーい！」と1回で返事をしてやめることのほうがめずらしいかもしれません。「あと1回！　あと1回！」と言いながら子どもたちはやめようとしません。「やめなさい」「帰るよ」と言われても、自分が好きなことに夢中になってしまうのです。

努力は夢中に勝てない

大人から見ると時間や次の予定が気になり困ってしまう場面に見えますが、このとき子どもたちの中で何が起きているのでしょうか。

「もっとやりたい」
「もっと知りたい」

子どもたちが遊びや練習をやめない理由は、そこに「やりたい」「知りたい」という好奇心があるからです。

「どうしたら思った通りにボールが飛んでいくだろう？」

「どうしたらもっとゴールを決めることができるんだろう？」

「どうしたらクリスティアーノ・ロナウド選手のようなシュートがうてるだろう？」

「アリやダンゴムシはどこに行くんだろう？」

「お家はどこにあるのかな？」

「どうして行列になって歩いてるんだろう？」


教壇に立ち、子どもたちを前に「ちゃんと話を聞きなさい」と伝えても話を聞いてくれないケースがある一方、「もう帰るよ！」とどんなに伝えてもやり続けているケースがあります。じつは子どもたちを動かすのは、好奇心の有無なのです。

努力は夢中に勝てない。努力は意思を消費するものだと思っている人は、意思量がいずれ尽きて止まる――これは陸上元日本代表選手の為末大さんがツイッターでつぶやいた言葉です。

「全体練習のあとにシュート練習をしなさい」ともしコーチから言われたら、子どもたちは夢中になるでしょうか？　同じ努力に見えますが、コーチに言われたから仕方なくする場合と、「もう終わりだよ、やめなさい」と言われてもみずから続ける場合とでは、あきらかに質が違ってきます。

日本人は努力という言葉を好んで使いますが、練習を努力と思っているうちはトップレベルに行くことはできません。練習の中に自分なりの楽しさを見いだし、夢中になっていく要素が必要なのです。トップレベルを目指すアスリートがそれを見つけていくことは本人の課題となりますが、幼少期やまだ指導者がかかわっている年代(主に小学生)では、親や指導者が子どもたちが夢中になる環境をつくることが重要となります。

好奇心の3つの種類とは?

練習中にもかかわらず、子どもは飛行機を見つけると「飛行機!」と空を眺めたり、好きな車が通ると「あ、ダンプカー!」と視線がくぎ付けになってしまいます。

大人の私からすると「今、飛行機は関係ないでしょ!」と話を聞いてくれない子どもの姿に嘆きたくもなるのですが、子どもたちは好奇心の塊なのです。

飛行機に興味を持った子どもの中には、「飛行機はどうして空を飛ぶことができるんだろう?」と本を調べたり、大人にお願いして空港に見学に連れて行ってもらったりもします。これらの行動はすべて好奇心から生まれるものです。

『子どもは40000回質問する』（光文社）の著者であり、ノンフィクション作家のイアン・レズリーによると、子どもや私たち大人が持っている好奇心は大きく3つに分けることができ、それらは生活や行動に大きな影響を与えています。

●1 拡散的好奇心　いろんな方向に発生する「知りたい」という欲求

「お母さん、これなあに？」
「ねえねえ、見て見て！」

あらゆるモノ、こと、人など、対象を定めることなく「知りたい」という気持ちが次から次へと湧き出る好奇心を「拡散的好奇心」と言います。

赤ちゃんは目に見えるものに手を伸ばし、どんな形をしているのか、どんな感触なのか、自分で確かめようとします。私たち大人は毎日スマートフォンや携帯電話でニュースをチェックし、ツイッターやインスタグラムなどのSNSを通して情報を集めます。

これらの行動も拡散的好奇心の1つです。

子どもも大人も生まれたときから持っている拡散的好奇心は、視界に入るもの、耳から聞こえてくるもの、匂いなどによって刺激されます。

パソコンやスマートフォンでインターネットにつながると、自分が興味ある広告が目に入ってきてクリックしてしまう仕組みもそうですし、車でドライブしているときに大きな看板を見かけて「ちょっと寄ってみよう」と行動に移すことも拡散的好奇心が刺激を受けた結果です。

次から次へ興味がうつるのは人間が生まれ持っている性であり、我々の生活は拡散的好奇心を刺激するものに囲まれています。とくに経験のまだ少ない子どもは、「これなに？」「なんで(なぜ)？」「どうして？」と多くの疑問を持ち、本来持っている拡散的好奇心そのままに生きています。

拡散的好奇心があるからこそ、私たちはこれまで知らなかったことを知ろうとしたり、新たな出会いや経験を求めたりします。それが人生を豊かにする側面がある一方で、今あるものでは飽き足らず、次から次へと好奇心を消費するだけの時間を過ごすことにもなりかねません。

あちこちに広がる好奇心の中で、「これはもっと知りたい、深く学びたい」と思うことが自分にとって本当に興味を持てるテーマであり、その積み重ねによって人生は形づくられていくのです。

●2 知的好奇心 知識と理解を深めたいという欲求

「ダンゴムシはどうして丸くなるんだろう?」
「アリは何を食べているんだろう?」
「ダンゴムシやアリはどこに住んでいるんだろう?」

「ダンゴムシがいる」と、公園で長い時間眺めているだけだった子どもが、「もっとくわしく知りたい」と本を読んだり、先生に質問したりすることがあります。

あるものごとに対し、もっと知識を得たい、理解を深めたいという欲求を「知的好奇心」と呼びます。

拡散的好奇心から導かれた知的好奇心は、「知りたい」「理解したい」「学びたい」という学習意欲を高めます。また、1つの物事を深く掘り下げて考えていくことは、新たな疑問を生み出し、イノベーション(技術革新)を起こすきっかけともなります。

「月には何があるんだろう？」
「月はいつできたんだろう？」
「月に行くためにはどうすればいいんだろう？」

夜空を見上げて「月」という存在を知ることはできても、月に対する好奇心がなければただの「物体」に過ぎません。人間はもともと持っている拡散的好奇心によって月の存在を知り、さらに知的好奇心によって月の研究を進めたともいえます。

月は何でできているのか。月には本当にうさぎがいるのか。知的好奇心が働くことによって「月に行くためにはどうしたらいいのだろう？」という問題を解決する力が生まれ、それが「月に行きたい」という夢を実現する原動力にもなるのです。

こうした知的好奇心が開かれたことは人類の歴史から考えると近代化とのつながりが関連しています。印刷技術が発達して書物や資料から知識をたくさん吸収できるようになったこと、産業革命によって生産のための時間が大幅に短縮され、新たな知識の習得や開発に時間を取れるようになったことが一例です。

そう考えると、インターネットの発達によって世界のあらゆる情報が瞬時に得られる現代は、さらに知的好奇心を深めることができる時代だと言えるでしょう。ただし、その一方で、とめどなく拡散的好奇心が刺激され続け、知的好奇心までつながらない場合が多いのもまた事実です。

●3 共感的好奇心 相手の感情や考えを知りたいという欲求

「〇〇ちゃんはどうして泣いているの？」
「どうしてそう思うの？」
「どうしてそうしたの？」

私たちは知識や情報以外にも、他人が考えていることや行動に対して、「どうして？」と興味を持つことがあります。うれしい、悲しい、悔しい、怖い…こうした他人の感情や思考を知りたいという欲求を「共感的好奇心」といいます。

スポーツでも、大事な試合に勝ったとき、うれしくて泣いてしまう選手がいます。そんなチームメイトを見て、「なに泣いてるんだよ～」と言いながら思わずもらい泣きしてしまうのは、まさに共感的好奇心が働いている場面といえるでしょう。

共感的好奇心は単なるうわさやゴシップ好きとは違います。「あの人は〇〇らしい」といった興味はあくまで表面的なものであり、どちらかといえば拡散的好奇心の色合いが強いものです。一方、共感的好奇心はその人の立場に立ち、気持ちに寄り添うことで生まれる欲求です。拡散的好奇心に比べ、ほか人の気持ちに一歩踏み込んだ好奇心といえます。

生まれて間もない赤ちゃんは泣くことによって意思表示をしますが、泣くことに好奇心を示した母親があやしたり抱っこしたりする行動も共感的好奇心によるものです。

「あうー、あうー」
「どうしたの？　これで遊びたいの？」

赤ちゃんは身近にいる親や大人たちから多くのことを学んでいきます。赤ちゃんが生まれつき持つ拡散的好奇心に応えてくれる親の共感的好奇心によって、子どもの心は満たされるのです。

そして成長し、言葉を話せるようになると、好奇心旺盛な子どもは次から次へと質問を投げかけてきます。そのとき、親が共感的好奇心を持たずに接してしまうとどうなるでしょうか。

「わたしには興味がないんだ」とせっかく生まれた拡散的好奇心は失われ、「もっと知りたい」「学びたい」という知的好奇心に結びつくことができずに終わってしまうのです。

子どもの行動は、まわりの大人たちの反応によって大きく変わります。子どもも、そして私たち大人の生活や学びも、3つの好奇心がうまく循環したとき、大きく輝きを増すのです。

共感的好奇心は大人にこそ必要なスキル

「あの子の心の中では何が起こっているのだろう？」

子どもの考えや感情に好奇心を抱く共感的好奇心は、私たち大人にも欠かせない力の1つです。**子どもの行動や結果だけを見て「良い」「悪い」とジャッジするのではなく、そのときに彼らの心の中に起きていることに興味を持つ。**心の中の理解を深めることで次のアプローチを工夫し、学びにつなげるヒントが生まれます。

サッカーであれば、大事な場面でシュートを外してしまうこともあるでしょう。その際に「なんで外したんだ！　あの場面ではゴールキーパーの位置をしっかりと確認することなんて普通だろ！」と客観的な事実を示すことで、理解できる選手もいるかもしれません。けれど、子どもにだって言い分があります。その背景に興味を示さず、頭ごなしに伝えるだけでは、子どものやる気を奪ってしまいます。

「あの瞬間、どんなことを考えていたの？」

子どもたちを観察し、問いかけ、その考えや感情に好奇心を抱くことが、選手の力を最大限に引き出すことにつながります。

考えや感情を自分の言葉で表現し、思考力を育てることは、プロフェッショナルに近づくために必要な要素であり、スポーツだけでなく大人になって仕事をするときに欠かせないものです。

思考力の育成はフランスサッカー連盟が運営するＩＮＦ（フランス国立サッカー養成所、通称「クレールフォンテーヌ」）でも基本方針として取り入れられており、２０１８年ワールドカップ優勝という結果を残した育成システムとして世界的に高い評価を得ています。

サッカーに限らず、どのスポーツも日々進化しています。細かなルール変更があったり、戦術も時代によって変わっていきます。フィジカル面を鍛えて同じプレーをしているだけでは時代の変化に対応することはできません。

クレールフォンテーヌでは、システムや戦術の本質を理解し、試合で適切な判断をするためには選手一人ひとりの思考力が必要だという共通認識が徹底されています。思考力は体力や気力（メンタル）とともに重要な能力であるという方針のもと、育成年代から選手自らの力で問題解決できるよう、解決策を考えさせるという方法に取り組んでいるのです。

指導の現場では、ミスをしても頭ごなしに怒ることは一切せず、「どうしたら良かったと思う？」と問いかけます。指導者側から解決策を伝えるのは簡単ですが、それでは選手の思考力が育たないからです。

たとえ時間がかかっても、すぐに結果に結びつかなくても、選手の考えや感情に寄り添い、共感的好奇心を持つことができるかどうか。子どもたちの力を引き出し、対話を重ねるためにも、共感的好奇心は指導者をはじめとする大人にこそ求められる重要なスキルと言えるのではないでしょうか。

注目される3つの指数 IQ（知能指数）・EQ（共感指数）・CQ（創造的指数）

少し聞き慣れない言葉も並びますが、子どもたちを取り巻く教育の変化についても触れておきましょう。

今、私たちは変化の激しい時代に身を置いています。不安定で変化が激しく（Valatility）、先が読めず、不確実なことが高い（Uncertinty）、また、複雑性に満ちていて（Complexity）、曖昧模糊としています（Ambiguity）。これらの頭文字をとって「**VUCA**（ブーカ）**の時代**」とも呼ばれ、過去の手法が通用しないことも多くなってきました。

これまでのやり方が通じないのは、大人が過ごした少年時代と、今の子どもたちが生きる現代では、社会から求められる人物像が変化してしまったからです。

かつて（19世紀後半～20世紀初頭）、教育の目的の1つは「近代化」でした。大量生産、大量消費を軸に、人もマニュアル通りに育成。戦前の富国強兵政策では屈強な兵士をつくり、工場で作業ができる人材を育成して産業の発展に貢献してきました。

その後、高度経済成長期の日本でもマニュアル化がはまり、すばらしい成果をあげました。けれど、時代は少しずつ変化します。1980年代には工場の自動化が進み、産業構造も製造業に代わってサービス業が増え、さらに情報化社会の進展によって世の中全体が様変わりしてしまいました。

そして今、VUCA（ブーカ）の時代に、社会が求める人材像も変わってきています。とりわけ企業が注目するのが、**IQ（知能指数）・EQ（共感指数）・CQ（創造的指数）**という3つの指数です。

頭の良さをはかるIQ

学力や知能を計る指数としてIQ（Intelligence Quotient：知能指数）があります。テレビのクイズ番組などでも難易度を表す数値として使われることもあるので、なじみのある指数かもしれません。

IQは「精神年齢÷生活年齢×100」という計算式によって出される数値であり、多ければ多いほど知能が高いことを表します。クイズ番組において「IQ200」という問題は、平均に比べて2倍難しいですよという意味になります。

また、近年の知能指数は従来の計算式ではなく、「同じ年齢集団の中でどの位置にあるか」という方法で出される場合があります。どちらの方法にしても、「頭の良さ」をはかる指数に当たるといえます。

EQは「心の知能指数」

学力や知能の高さを示すIQと対比する概念として広まったのが「心の知能指数」「感情知能」と呼ばれるEQ（Emotional Quotient：共感指数）です。これはアメリカのピーター・サロベイ、ジョン・メイヤー両博士による研究から提唱された指数であり、「EQが高い人ほどビジネスで成功しやすい傾向にある」としています。

それまではIQが高ければ高いほどビジネスも人生も成功すると考えられていましたが、どうもそうではない。学力がずば抜けて高くなくても、IQが低くても成功する人は成功しているのです。「ビジネスにおいてIQ以外に必要な能力があるのではないか？」という仮説のもと、両博士はビジネスパーソンを対象に広範囲に研究をおこないました。

その結果、

「ビジネスで成功する人は対人能力に優れている」
「自分の感情をうまく管理でき、他人の感情や状態を察知する能力が高い」

という結果が導き出されたのです。

ビジネスは一人では成り立ちません。社内においても社外においても、会社員でも自営業でも人とかかわる能力が求められます。また、人の感情を理解し、管理し、活用することもビジネスでは重要です。

人はどういったときに購買意欲が高まるのか、ミスをしたときにどうすれば挽回できるのか。ＩＱではなくＥＱを重視する傾向が高まり、今では多くの企業でＥＱ理論にもとづいた研修が取り入れられています。

これから注目すべきはCQ

「この商品を売るにはどうしたらいいだろうか？」
「もっとインパクトのあるデザインはないだろうか？」
「お客様が本当に困っていることは何なのだろうか？」

これまでにない商品をつくるためにはアイデアが必要です。知識に対する欲があり、新しいものや新しい体験にとびつくことのできる能力をCQ（curiosity/creativity quotient：創造的指数または好奇心指数）と呼びます。

これは経営心理学を専門とするトマス・チャモロ＝プレミュージック博士が提唱した理論です。未だ研究段階ではあるものの、**好奇心旺盛で独創的なアイデアを出すことが得意な人が持っている能力**であるとしています。

CQの高い人は、物事を解決へ導くためのグレーゾーンを受け入れることができ、白黒はっきりしていない状態に耐えられるという性質があります。つまり、どちらが正解

図：IQ（知能指数）・EQ（共感指数）・CQ（創造的指数）

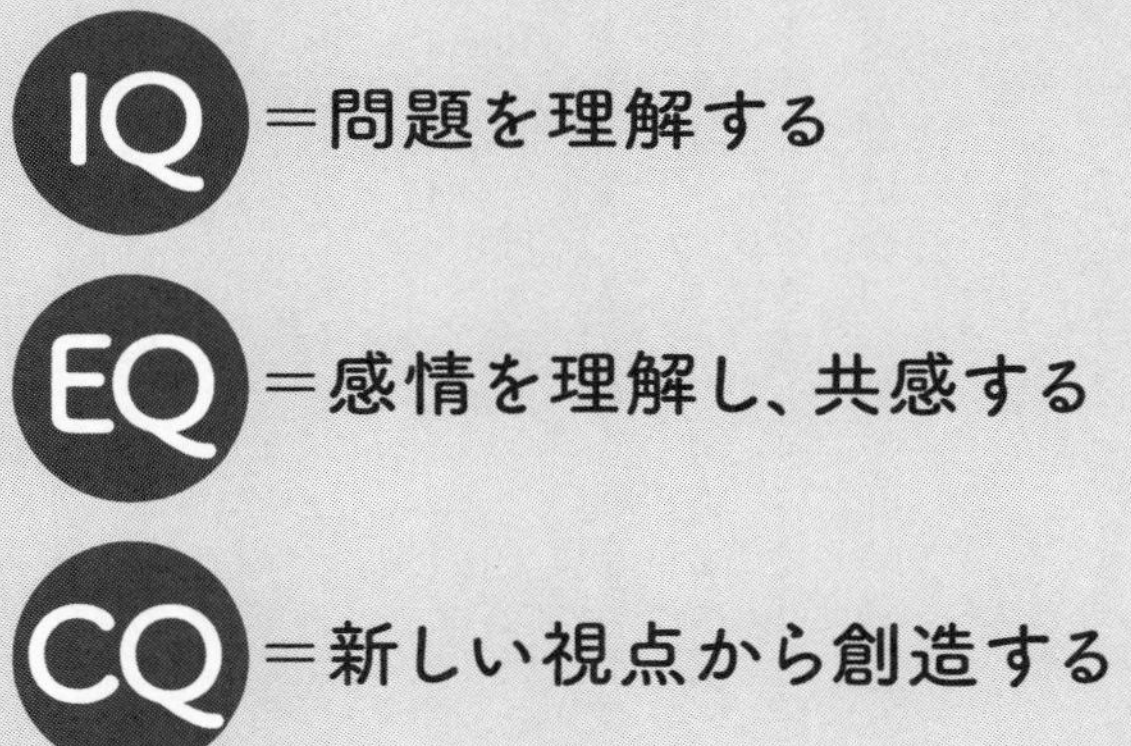

かわからない段階であっても、問題に対する解決方法を粘り強く生み出すことができるのです。

また、幅広い知識を持つことによろこびを感じるタイプのため、時間とお金を投資して知識欲を満たそうとします。

一見、拡散的好奇心を子どもの頃のように持っていて、あちこちに関心が飛んでしまいそうなタイプですが、CQが高い人はそれぞれに共通するものを見つけたり、違うもの同士を組み合わせて新たな観点を見い出すなど、これまでにない新しい何かをつくり出すことができるのが特長です。

CQは問題を解決に導く

私には特別な才能はありません。ただ、熱狂的な好奇心があるだけです。

これは、世界で最も有名な科学者の一人、アルベルト・アインシュタインの言葉です。

CQ理論を提唱したトマス博士によると、IQは知能のトレーニングを積み重ねることで一定レベルまで高めることができるが、もともと生まれ持った部分が大きく影響する。しかし、EQとCQは何歳からでも高めることができる、としています。

CQが高い、つまり好奇心があるということは、自分の〝心の器〟にまだまだ中身が入ることを示しています。逆に退屈を感じている、日常生活に飽き飽きしていて、食べたいものもとくにない、見たい映画もとくにないという状態は、CQが失われているサインです。

まとめると、IQは問題そのものを理解することができ、EQは問題が起こったときの自分の感情や他人の気持ちを理解して共感することができ、CQは新たな方法で解決へ導くヒントを得ることができるといえます。変化が激しく、常に新しい正解が求められる現代、最も必要とされるのはCQなのです。

アインシュタインの言葉を借りるなら、熱狂的な好奇心はただそれだけで「特別な才能である」と言えるのかもしれません。

グーグル検索では教えてくれないこと

今この時代に生きている私たちは、好奇心を持ったときはインターネットで検索してあらゆることを調べ、知識を得ることができます。

しかし、いくら情報技術が発達しても検索できないことがあります。

「藤代圭一　悲しいとき」

自分がどんなときに悲しいのかと調べようとしても、パソコンやスマートフォンの画面には何も出てきません。たとえグーグルで調べてみても、「藤代圭一」という固有名詞に関する情報やツイッター、フェイスブックなどの情報が出てくるだけです。

「私がどんなときに悲しみを感じるのか？」といった問いの答えは、私自身にしか出せないのです。

「〇〇くんがうれしいのはどんなとき？」

自分自身の答えと同じように、人の気持ちを検索しても正解に出会えることはありません。それは、グーグルの検索機能を使っても、決して見つからない答え。あの子の気持ちを知りたい、理解したいと思うなら、本人との会話やコミュニケーションを通じて知るしかありません。

「私はどこに行けばいい？」

最近できた新しいお店、おしゃれな雰囲気で人気のお店、スイーツが美味しいと話題のお店……調べたいお店や食べたいものが決まっていたり、東京や沖縄など、旅する場所が決まっていれば、グーグルはすぐにそのお店や地域の情報を探し出してくれます。けれど、「今日はどこのお店に行けばいい？」「私は何をしたいの？」と入力しても、自分が納得できるような検索結果はあらわれません。

そんなふうに、ちょっとわからないから調べてみようと検索機能を使っても、求めている答えに出会えないことはほかにもたくさんあります。


「自分が求めていることは何だろう?」

「自分はどんなことが好きなのか?」

「どんな生き方がしたいのか?」

「自分がやりたいことは何だろう?」


かつてないほどの情報があふれているのに、世界にたった一人しかいない自分という人間が何を考え、どうしたいのかという問いには、自分自身で答えを探すしか方法がないのです。

AIの台頭

10年ひと昔と言われた時代は終わりを告げ、現代は情報化やグローバル化、さらには第4次産業革命とも言われるような変化が激しい時代になっています。社会のいたる場面においてデータ化・ネットワーク化が進み、IOTと呼ばれるモノのインターネット化も実現し始めています。また、我々が見ているホームページやデジタル広告はデータとして蓄積され、集まった大量のデータ（ビックデータ）を分析することで新たな価値や商品が生まれています。

こうした時代の変化を象徴するように、AI（人工知能）技術が急速に進化を遂げています。AIは、機械自らが一定のパターンを認識し、今後起こりうることを予測して対応することができるようになります。

その機能は私たちが想像する以上に発達しています。ファーストフード店での対応を学習したAIは、音声だけを聞くとどちらが人間でどちらがAIかわからないくらいの「接客」ができるのです。

「いらっしゃいませ。ご注文は？」

「ハンバーガーとポテトのセットで」

「お飲み物は？」

「アイスコーヒーで」

人間独特の間合いや声の抑揚も学習することができるので、将来的に人間の代わりになるであろうと言われています。しかも、単純作業であれば人間よりも正確で、なおかつお金の数え間違いや注文ミスを起こす可能性も少なく、寝る時間も必要とせずに仕事ができてしまうのです。

やりたいことを仕事にするために

2年ごとに莫大に増える情報量。多様で複雑な作業も自動化してくれるロボット。さらに日本においては、超高齢化社会や急激な少子化も進んでいます。

これからを生きる子どもたちがどんな職業につくのか、どんな職業が生き残っているのか、今の私たちはただただ状況を見守り、来たるべき新たな時代にできる限りの備えをすることしかできません。

しかし、我々の代わりに働いてくれるAIにも苦手な分野があります。記憶や単純作業は得意なAIですが、学習していないことや理解できない状況において、とっさに自分で判断することや、ゼロから何かをつくり出すことは苦手で、これらは未だ人間にしかできません。

状況に応じて臨機応変に問題を解決する力。
人との共同作業によって生まれる新たな発想。

こういったＡＩが苦手としていて人間にしかできないことは、第２章で述べてきた共感的好奇心やＣＱ（創造的指数）が関係してくるのです。

産業構造が劇的に変化していく未来に生きるために、今必要とされている力が「好奇心」。そのような見方をするだけで、正直これまで「いい加減にして！」と思っていた、子どもから毎日投げかけられる「なぜ？」「どうして？」というしつこい問いかけも、未来への入り口のように感じられてきます。

ＡＩによって職業の淘汰が始まるとするなら、じつはこれからという時代は、「自分がやりたいことができる時代」の始まりになるかもしれません。

単純作業は機械に手伝ってもらう。人間は新たな価値を生み出し、自己表現ができる時代が来るからこそ、自分は何が好きなのか、何がしたくて、どういう生き方をしたいのかなど、**「自分を知る」ことが強く求められますが、私たちは自分自身のことを果たしてどれだけ深く知っていると言えるのでしょうか？** 何気なく過ごす毎日、自分のことは一番自分が知っていると思い込みがちですが、本当にそうでしょうか？

兵庫県にある神戸女学院大学は、若者が未知の可能性を拓くことができる大学として、こんなタグライン（キャッチフレーズ）をつくっています。

私はまだ、私を知らない。

自分のことを知りたいという〝濃厚な好奇心〟は、未来だけでなく、今この瞬間にも必要なのです。

第3章

子どもの好奇心を育てる大人のルール

すべての土台は「信頼関係」

いくら「あなたにとって大事なことだから」と伝えたいことがあっても、「もっと上手くなれるぞ」とテクニックや戦術を伝えようとしても、子どもたちや選手との間に「信頼関係」がなければ伝えることはできません。

家庭教師をしていたときのことです。

「成績は上げたいけれど、勉強したくない」

クラスの中で下から数えたほうが早い息子さんにご家族の方も困り果てて、知り合いだった私に相談が来ました。

「勉強はうまく教えることはできないかもしれないけれど、勉強に興味を持ってもらうことはできるかもしれない」

そう考えた私は、家庭教師を引き受けることにしました。

「どうすれば勉強に興味を持ってもらえるだろう？」

いろいろ考えた末、家庭教師初日に私がしたことは、彼と一緒にゲームをすることでした。勉強の話は一切なし。

「いつも何のゲームしてるの？　僕にも教えてよ」

「勉強して」と言われると思っていたのでしょう。最初はぼそぼそとした声でしたが、好きなゲームをしているうちにだんだん饒舌になってきました。

一緒にプレイをしたら、私の知らないゲームだったのであっさり負けてしまい、思わず本気で「もう1回！」とお願いしたこともありました。そんな家庭教師の姿に驚きながらも、好きなゲームを一緒にしているうちに彼の笑顔もどんどん増えていきました。

何日か同じように過ごしたのち、ようやく勉強の話をしてみました。

「ゲームみたいに楽しんで勉強ができたらいいよね？」
「どうしたらいいのかな？」

一緒に過ごした時間の中で、私のことをどう感じていたのかは正直わかりません。しかし、彼の中にほんのわずかながら、「この人の言うことなら」という思いが芽生えていたように思います。少しずつ勉強にも興味を持つようになり、成績もクラスの中の上くらいになるまで成長してくれました。

種をまいて、水を与え、小さな芽を出せるのは、そこに土という土台があるからこそ。子どもの行動を変えたいときに大切なのは、子どもをコントロールしようとしないこと。一見矛盾しているように思えるかもしれませんが、してほしい行動を何度も言うよりも、子どもが自らその行動をしたくなる仕掛けときっかけをつくればよいのだと感じました。

「何を言うか」ではなく「誰が言うか」

子どもと接するときは、「何を言うか」よりも「誰が言うか」がポイントとなるときがあります。スポーツの場面ではとくに顕著に現れるかもしれません。

信頼しているキャプテンが言うからこそ心に響く。

毎日自分たちの練習を見てくれたコーチが言うからこそ、選手は作戦を信じる。
4年に1度のオリンピックやサッカーワールドカップを報道するテレビ番組で、元代表選手や元主将がコメンテーターとして呼ばれるのは、「実際に経験したあなたが言うから、コメントに重みがある」と思われているからです。

「怒られることもあったけれど、監督のために勝ちたいと思った」
「いつもは静かだけれど、ここぞというときにチームをまとめてくれた」

試合後のインタビューでこうした声を聞いたことがある方も多いでしょう。

「北島さんを手ぶらで帰すわけにはいかない」

2012年ロンドン五輪の競泳400メートル男子メドレーリレーで銀メダルを獲得した松田丈志選手の言葉は、まさに北島康介さんを〝慕っていた〟証拠でもあります。
北島さんの言葉や態度は日本代表チームに大きな影響を与えていました。

「この人の力になりたい」と思ってもらうようになると、伝えたいときの影響力も大きくなっていくのです。

子どもに好奇心を持ってほしい、子どもの好奇心を育てたいと思うときは、子どもとの信頼関係をつくり、「この人の言うことなら」と思われるような大人になれるようにしたいもの。

「ゲームばかりしてないで、もっと違うことに興味を持ちなさい」

子どもにはそう言いながら、自分はスマートフォンをいじってばかりだとしたら？

「もっと本を読みなさい」

子どもにはそう言いながら、自分はテレビばかり観ている生活だとしたら？

子どもは親の行動を、大人が考える以上に見ています。子どもの話し方や怒り方が「自分にそっくり」と冷や汗をかいた経験がある方も多いのでは？

好奇心は何歳からでも持つことができるものです。「一緒にやってみよう」と大人も楽しむ気持ちがあれば、子どもとの時間をより濃密にすることができます。

そもそも子どもは本能的に「楽しそうなところ」に集まってくる傾向があります。身近にいる大人が時間を見つけては本を読んでいたり、何かに没頭したりしていると、

「それ、なあに？」と気になって仕方ないのです。

「何を言うか」も大事ですが、「誰が言うか」も大事なこと。好奇心のふたを開け、大人が心の声に耳を傾けて行動していると、子どものほうから寄ってきてくれるはずです。

「結果」は関係性から生まれる

「このメンバーだからこそ優勝できたと思います！」

県大会で優勝したり、全国大会で勝ち上がるチームを見ていると、話し合いが活発におこなわれていたり、先輩後輩の間柄であっても風通しの良い会話が生まれていたり、はたから見ていても「いい関係だなあ」と思うことがあります。

もちろん私はスポーツメンタルコーチとして、子どもたちや選手がイキイキとした表情でプレーするチームづくりを目指しているわけですが、チームの目標がたとえ「全国大会で優勝する」だったとしても、最初から結果だけを求めることはしないようにしています。

「組織の成功循環モデル」という、マサチューセッツ工科大学のダニエル・キム教授が提唱している理論があります。

チームとして、会社として、何よりも結果を出すことが目標であり、それを達成したいと思えば思うほど、結果を求めることよりも「関係の質」を高めることから始めるべきだという考え方です。

この成功循環モデルは、**「関係の質・思考の質・行動の質・結果の質」**という4つの質から成り立っています。

なかなか目標を達成できない、雰囲気もあまり風通しが良くないというチームや組織は、「結果の質」を高めようとすることがスタート地点になりがちです。

試合で負けた、点数を入れられたというような結果が出ない状況になると、誰々が悪いと犯人探しが始まったり、「ちゃんとやれ！」と叱られたり、「関係の質」が低下します。このままでは勝てないぞと監督やコーチからゲキが飛び、次の試合は結果が向上することもありますが、それはあくまで一時的なもの。心理的に追い詰められた末の成果でしかありません。結果が悪ければまた叱られ、同じことの繰り返しです。

そうした関係の質の低下は、メンバー内の「思考の質」に影響します。

監督の言うことさえ聞けばいい。自分が何をいってもムダだと思うようになり、自ら

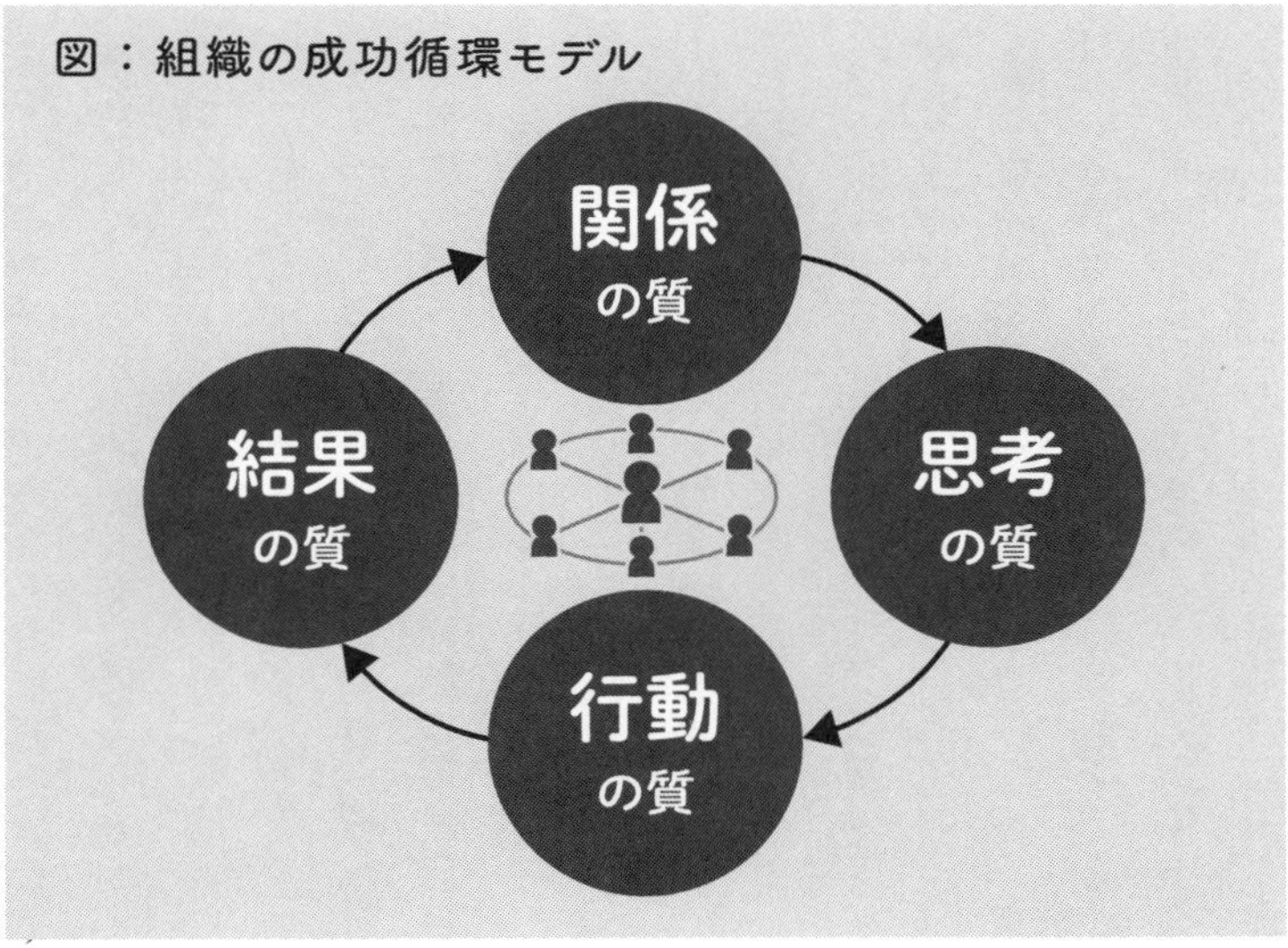

考えることをやめてしまいます。受け身になった思考の質はそのまま行動に現れ、積極性や自主性を育てることができません。

先走って結果の質を求めると、バッドサイクル（悪循環）に陥りやすくなります。

では、グッドサイクル（好循環）はどのように生まれるのでしょうか？

キム教授によると、**成功に導くには、関係の質からスタートすることがポイント**だとしています。

関係の質を重視すると、チームや組織内でお互いを理解し、尊重する雰囲気が生まれます。相手の意見を受け止めつ
やって相互理解が進むと、思考の質が高ま

ります。このメンバーとならおもしろいことができそうだ、話し合うとどんどんアイデアが出てくるといった気持ちになり、バッドサイクルでは失われてしまう自主性や積極性を持つことができます。

さらに、思考の質が変わると「行動の質」が変わります。ミーティングが活発におこなわれ、それを実行しようとする。行動の質は練習量の変化や練習の質、企業であれば作業効率や仕事のクオリティにかかわってくるので、おのずと結果も変わってきます。

結果を変えたければ行動を変える。
行動を変えたければ思考を変える。
思考を変えたければ関係性を変える。

焦って結果を出そうとすればするほど、求める結果は遠ざかってしまう――急がば回れという言葉があるように、時間も手間もかかることかもしれませんが、まずは関係性を重視するところから始める。信頼関係を築くことがグッドサイクルを生み出すことにつながり、さらにその成功を持続させることができるのです。

この本を手にとってくださったあなたが目指したいゴールは何でしょうか？好奇心旺盛な子どもに育てたい。子どもがワクワクするようなチームをつくりたい。将来自分の力で生きていけるように、今できることなら子どもに何でもしてあげたい。「結果の質」を求めるからこそ、今は結果を求めず、子どもとの間に土台となる信頼関係をつくり上げていくことから始めてほしいと思います。

好奇心を育てる大人はどこが違うのか？

子どもの好奇心を引き出すことが上手な大人を、私は勝手に「**好奇心プロフェッショナル**」と呼んでいます。

たとえばジェフ市原・千葉や京都サンガなどで育成世代を教え、サッカー指導者として有名な池上正さん。

池上さんは、「このコーチと一緒に練習したらおもしろそう！」と子どもたちに思わせられる好奇心プロフェッショナルの1人です。

100人以上の子どもたちを1人で指導すると想像してみてください。相手が大人であれば、話をしているときはがまんしてでも耳を傾けて欲しいものです。

しかし、池上さんは言葉で「話を聞いて！」「静かにしなさい！」と伝えることは一切しません。彼が好奇心プロフェッショナルであるゆえんは、**淡々と会話をしながらも、話の中で子どもたちの驚きを上手に引き出している**からなのです。

「うしろを見てもらえるかな？　一番前のコーンは何色？　2番目は？　一番うしろは何色かな？　じゃあ、みんなコーンにタッチして戻って来てくれるかな？」

すると多くの子どもたちは一目散に「一番うしろにあるコーン」にタッチをして返ってきます。みんなが返ってきたタイミングを見計らってこう言葉を重ねます。

「よし、みんなありがとう。でも、どうして一番うしろのコーンをタッチしてきたの？」

「え？　どうしてって、コーチがコーンをタッチして返ってきてねって言ったじゃん！」と誰かが口にしたタイミングで、ほかの誰かが気づき始めます。

「うわ、やられた！」
「そうだ！　コーチは一番うしろって言ってないぞ！」
「くそーーーー！」

そうです。「コーンにタッチして来て」と言っただけで、「一番うしろにあるコーンをタッチして来て」とは言っていないことに気づいたのです。

でも、なぜか子どもたちはうれしそう。まんまとやられた状態を笑って受け入れてくれました。なかには自分の頭で考え、「今は、どこのコーンをタッチしてきてとは言ってない」と判断できる子もいます。

「この人の話はよく聞いていないとわかんなくなるぞ！」

話に集中するようになった子どもたちに、池上さんはこう告げるのです。

「もしかしたら僕がウソをついているかもしれないし、間違ったことを言っているかもしれない。だから、自分で考えることを忘れないでね」

好奇心を育てる大人を観察すると、みなさん、基本的なルールを持っています。どれも決して難しいことではありません。もしかしたら、当たり前のことと思う方もいるでしょう。その当たり前のことを、ここでは一緒におさらいしてみたいと思います。

●1　好奇心の芽を摘まない

子どもの好奇心の芽を摘んでしまう原因の多くは、大人の都合であることがほとんどです。

「お母さん、ちょっと聞きたいことがあるんだけど」
「忙しいからあとでね」
「あとって、いつ？」

台所に立っていて手が離せない、急に仕事のメールが入って返信をしたい……大人の事情はもちろんあるでしょう。けれど、子どもが質問するタイミングは、好奇心という種から今にも芽が出そうな状態であることに気づいてほしいのです。

子どもは「今、知りたい」「今、かかわりたい」気持ちをおさえることができません。やりたいことや、やるべきことを決めたり、時間の調整をしたりするという概念がまだ育っていないのです。

やるべきことや仕事の調整をすることを「タスク管理」と言いますが、「こうしたらいいですよ」「こういう方法もありますよ」と書籍が出るくらい大人でも悩んでいる人が多いのです。子どもならなおさら難しい。「忙しいときに限って」という考え方を一度白紙に戻してみる必要があります。

いったん料理を進める手を止めてみる。メールの返信は少しだけあとにしてみる。時間にしてみればほんの数分間のことかもしれませんが、子どもにとってはその数分間が、見える世界をガラッと変える可能性を秘めています。

たとえすぐに対応できなくても、手が空いた時間にはフォローをしてあげてください。

「さっきはごめんね。何だった?」

「もういいよ〜」と言われてしまうこともあるかもしれませんが、大人から聞く姿勢を見せることは大切です。**今、この瞬間を生きている子どもと時計の針を合わせる。**それだけで好奇心の芽は育ちやすくなるのです。

●2 大人の都合で奪わない

「本当は野球がしたかったけれど、お父さんがサッカーをやれと言った」
「本当はアイスホッケーがしたかったけれど、女の子だからとフィギュアをすすめられた」

習い事をしていて、違う何かに興味を持ったときに、大人の都合でその機会を奪ってしまうことがあります。

もちろん、最初は親のすすめで始め、少しずつ自分も興味を持って才能が開花する場合もあります。やってみたら意外と楽しい！　となればよいのですが、いやいやながら習い事を続けている子どもたちも多いかもしれません。

もし、今続けている習い事より興味を持てるものがあるなら、それはとても幸せなことです。自分から「やりたい！」「やってみたい！」と思えること、好奇心の芽が出たことを子どもと一緒によろこべる大人が近くにいると、子どもは安心して好きなことに没頭していきます。

幼稚園の頃からサッカーを5年間続けていたCくんは、スイミングスクールの選手コースにも所属している子でした。サッカーチームでは地区大会止まりでも、水泳では全国レベル。結果が出ている水泳に専念したいと、サッカーチームをやめることにしました。

「5年間もやってきたのに！」

「やめるなんてもったいない！」

コーチや家族、まわりの大人たちは大反対。Cくんがやりたいのは水泳なのに、子どもの気持ちはあと回しになってしまったのです。

けれど意志が固かったCくんはサッカーチームをやめて、水泳をすることにしました。私もコーチとしてかかわっていたので、やめてしまうのは残念に思いました。でも、最後はCくんが自分で決めたこと。

「またサッカーやりたくなったら、帰ってきてね」

そう言って笑顔で送り出したことを覚えています。

この話には続きがあって、Cくんが高校生になったときに選んだ部活はなんとサッカー部。しかも先頭に立ってみんなを引っ張り、3年生のときはキャプテンにも選ばれました。自分で選んだ水泳に心おきなく打ち込めたからこそ、またサッカーをがんばろうと思えたのかもしれません。

子どもたちは「今」というこの瞬間を生きています。

いつ、どこで、何をきっかけに興味を抱くかは誰にわかりません。

でも、興味があると気づいたとき、子どもの探究心は大きくふくらみ始めます。その瞬間を、大人の都合で奪わないこと。子どもの気持ちを尊重することは、好奇心を育てるために必要なルールです。

●3　本物に触れる機会を用意する

「この生き物は何だろう？」

友人が描いたいたずら書きの絵がいったい何なのかわからない。少年時代のさかなクンのエピソードは第1章でも取り上げましたが、それが「タコ」という生き物だと知ってよろこぶ彼に、お母さんが言いました。

「じゃあ、水族館に行って本物のタコを見てみようか？」

絵よりも、図鑑よりも、本物に触れてみる。自分の目で確かめる。さかなクンは本物のタコを見ることでさらに興味を持つようになります。「ギョギョッ！」という顔で、水槽を食い入るように見つめる少年時代のさかなクンの姿が目に浮かびますね。

これはスポーツでもまったく同じです。

今ではテレビのほかに動画コンテンツも充実しているので、日本国内に限らず海外のトップレベルの試合やプレーを簡単に見ることができます。試合だけでなくさまざまな練習風景やトレーニング方法も紹介されています。

しかし、実際に海外のスタジアムに行き、試合を見る体験は画面を通したものよりははるかにたくさんのことを教えてくれます。

スタジアムに入る前なのに、いたるところで歌い始めるサポーターたち。ゴールが決まると地響きのように鳴り止まない歓声。画面では伝わりきらない、まさに身体で感じる現場の興奮は、私たちを魅了してやみません。

アイスホッケー男子U20日本代表のチームづくりにかかわるようになってから、代表候補合宿や指導者講習会などに呼んでいただく機会が増えました。

じつは私自身、それまでほとんどアイスホッケーの試合を見たことがありませんでした。しかし、2018年の年末、カナダのカルガリーでおこなわれたアイスホッケーキャンプに同行したときのことです。

向かったのはアイスホッケーの本場カナダでおこなわれていたNHL(National Hockey League)の試合。まず驚いたのが、音の響きです。選手同士がぶつかる音。パックがフェンスに当たったときの音。ストップしたりターンしたり、トップレベルの選手はスピードが速いので、「ザザザッ」「ガガッ」と氷が削られる音がするのです。

さらには会場を埋め尽くす超満員の観客やリンクに響く音楽など、「本物の迫力はテレビや動画で見るものとはまったく比べものならない!」と感じた瞬間でした。

子どもに好奇心が芽生えたとき、それは本物を通じてではない場合がほとんどでしょう。画面の向こう側の試合、おままごとで使うフライパンや鍋、飛行機のプラモデル…テレビやおもちゃを通じて興味を持つことが多いのではないでしょうか。けれど、その瞬間を見逃さず、ぜひ本物に触れさせてほしいのです。

子どもにとって、本物に触れる機会をつくれるのは大人しかいません。そして本物に触れることができたよろこびは、大人も子どもも同じくらい大きなものです。

「こんなに好きなら本物を見せたいな」

子どもと一緒に本物に触れるよろこびをぜひ感じてほしいと思います。

●4　自分で学ぶ経験をつくる

「お母さん、Wi-Fiつなげて！」

第1章で紹介した、カフェで見かけた親子。

どうしてもゲームがしたかった子どもは、友人との会話に夢中になるお母さんに、Wi-Fiにつなげてほしいと頼みました。好奇心は周囲の人と協働する力を生む一例として紹介しましたが、その後「どうするのかな？」と思って見守っていました。

「ほら、できたわよ」

ゲーム機をWi-Fiにつなぐのは、慣れている大人にとってほんの数秒で終わります。細かな仕組みはわからなくても、指先1つでネットにつながることはもはや常識です。

ああ、もったいない！——私は心の中で叫んでしまいました。子どもはゲームの続きができるとよろこんでいるのですが、好奇心を通じて得られる力を育てるという観点からすると、「自分で学ぶ経験をつくる」機会が失われてしまったと言えるからです。

子どもは自分がやりたいことなら、少しくらいハードルが高くても取り組みます。自分が「ほしいもの」も同じで、スーパーでお菓子をねだって泣きながらその場から動かないこともありますが…。多少の困難も、お菓子を買ってもらえたりゲームができたりと、その先に自分が得たいものや体験が待っているとわかっているなら、大人がびっくりするほどの力を出して行動できるのです。

今回、お母さんにつなげてもらったことで、もし違う場所で同じような状況になったら、またその子は言うでしょう。

「お母さん、Wi-Fiつないで！」

つなぎ方がわからないのであれば、実際に自分でつないでみるという経験をさせる。パスワードを入力しなければならないなら、アルファベットを学ぶ機会をつくる。まだ小さい子どもなら、拡散的好奇心で「アルファベット」に興味を持つかもしれません。学校で理科を習い始めた年齢なら、「どうしてボタンを押すだけでネットにつながるんだろう？」と知的好奇心が働き、インターネットの仕組みに興味を持つかもしれません。

●5　一緒に探究する

私がコーチとして大切にしているのは、「教えない」という姿勢です。
もちろん、危険性があることや命にかかわることは最初に教える必要がありますが、サッカーコーチをしていた頃に関して言えば、**教えないことがむしろ子どもの好奇心を引き出すこと気づいたからです。**

「今日はすごく上手にシュートを決めていたけれど、何かコツがあるの？」

子どもたちにしつもんすると、一所懸命に答えてくれます。

「今日はね、○○選手のけり方をまねしてみたんだよ！」

人は、人に教えるときに一番成長するといいます。
子どもたちにとって身近な大人がすべてを教えないといけない、何でも知っていないといけないという決まりはありません。むしろ大切なことは、「知らないから教えて」と言える関係性。それはチームづくりにおいても同じことが言えます。

「今、チームに足りないことは何だと思う？」

私たち大人が持ち合わせていない視点を選手が持っていることも多くあり、「なるほど！」と膝を打つこともしょっちゅうです。

「てんごくと、うちゅうと、どっちがとおいの？」

人気ラジオ番組だった『全国こども電話相談室』（ＴＢＳラジオ）。この番組に寄せられる質問はときに大人が想像つかないような、「そう言われてみれば！」というものがたくさんありました。

天国と宇宙、どちらが遠いのかなど考えたこともないですし、ましてや比べようと思ったこともありません。答えに詰まるような難問に、はたしてどう回答したのでしょうか？

「天国と宇宙か、どっちもとっても遠そうだね。じゃあ、ちょっと考えてみようか。ボクの知ってる人で、宇宙から帰ってきた人、いるかな？」

こう回答したのは故・永六輔さん。彼は逆にこどもに質問をしました。宇宙から帰ってきた人、天国から帰ってきた人を知っている？　と子どもが自ら考える機会をつくったのです。

宇宙飛行士のことはテレビで見て知っていても、天国から帰ってきた人は知りません。さらに「もう少し考えてみようか。宇宙はロケットで行っても何日かしたら帰ってこられる。でも、天国のほうはなかなか帰ってこられない。どうしてだと思う？」と子どもに聞いてみると、「うーん、遠いから？」

子どもは自分で「天国は宇宙より遠い」という結論を導き出しました。宇宙からはロケットで帰ってこられても、天国からはなかなか帰って来られない。そして未だかつて誰も帰ってきていない。だから宇宙より天国は遠い（のかもしれない）と。

頭がカチコチになった大人ではちょっと考えられないような質問とやりとりですね。

電話相談ですから、相手と話す「対話」だけが頼りです。黒板やホワイトボード、パソコンもプロジェクターもありません。それでも、子どもの疑問に答えることができる。子どもの質問に答えるときは、「一緒に考える」姿勢が大切なんだなと感じます。豊富な知識や経験はもちろん大切ですが、それ以上に「一緒に考えてみよう」という姿勢が、たくさんの人に愛される番組となった理由かもしれません。

●6　失敗を受け止める

「お母さんと一緒に料理したい！」

「じゃあ、卵割ってくれる？」

料理に興味があるAちゃんは台所にお母さんが立つとすかさずやってきます。意気揚々と卵を手にしたはいいけれど、割ろうとしたら「ぺちゃん」とたまごが床に落ちてしまいました。

「……（手伝ってくれるのはうれしいけれど、作業が増えるのよね）」

Aちゃんはわざと落としたわけじゃない。頭ではわかっているけれど、仕事もしていて忙しいお母さんは、本当は「大丈夫よ」と笑顔で接してあげたいけれどその余裕がなく、黙ってしまったそうです。

好奇心から生まれる行動はときに失敗を伴います。

床掃除をする手間が増えたり、手直しする必要が生まれたり、大人にとって子どもの失敗はやっかいなものと受け取られがちです。


失敗は積極的にしていきたい。

なぜなら、それは成功と同じくらい貴重だからだ。

失敗がなければ、何が最適なのかわからないだろう。

——トマス・エジソン

発明家だったエジソンは数え切れないくらいの失敗をしています。しかし、失敗はマイナスではない。失敗があるからこそ成功するのだという言葉を残しているように、失敗することでわたしたちは成功するための方法を学んでいるのです。


「どうすれば卵を上手に割れるかな？」

「あのシュートは外れちゃったけれど、どうすればよかったと思う？」

日常生活でもスポーツの場面でも、失敗はたくさんあります。大人がしてほしくないことを次から次と「やらかして」しまうこともあります。前にも同じことをして、悪いことだ、してはいけないことだとわかっていながらする「いたずら」の類いは叱ってもいい場面ですが、**初めての失敗は好奇心があるからこそであり、失敗から学ぶこともたくさんあります。**

「私、失敗しないので」

あるドラマで決めゼリフとして有名になった言葉ですが、子どもの成長において考えると、失敗しない経験は逆に「失敗したらどうしよう」という恐れや恐怖心を生んでしまいます。失敗したことがないから、失敗から立ち上がることができない。たった1回の失敗で、もう人生は終わりだと思ってしまう……。

しかし、一見スマートに思える大人の成功者でも、過去には大きな失敗をしていることがほとんどです。

テストのとき、名前を書き忘れて0点になった（なりそうになった）経験はありませんか？

「まずは名前を書かないと！」

大きな失敗をしたからこそ、次からは真っ先に名前を書くことを覚えます。

失敗してもおおらかな気持ちで受けとめること。失敗を失敗ととらえないマインドを常に持つこと。失敗は、子どもの好奇心を育てる手助けをしてくれているのです。

●7 信じる（すぐに結果を求めない）

好奇心には賞味期限がありません。

いつまでに食べなくてはいけない、その日を過ぎるとおいしく食べられないというような制限はないのです。熟成タイプのワインのように時間をかけておいしさが増すこともありますし、**いつが一番おいしくなるのか、時間をかけなければわからないこともあります。**

好きだからと始めたスポーツだから、もっと上手くなってほしいし、将来はプロ選手になってほしい。親であれば期待するのは自然なことですし、親子で夢を追うのはかけがえのない時間にもなります。

だからこそ、結果が出なかったり、子どもの興味がほかに向いてしまったりしたときは、落胆もするし、叱責もするでしょう。

日本代表として活躍し、現在も海外でプレーする長友佑都選手は、10代から常にトップレベルだったわけではありません。明治大学への進学もスポーツ推薦ではなく学力が必要な指定校推薦。全国区での活躍をするようになったのは、大学進学後のことでした。
彼は2018年のロシアワールドカップでの敗戦後、SNSでこんなコメントを残しています。

Yuto Nagatomo――長友佑都
@YutoNagatomo5
7月2日
その他
ありがとう。
やりきった。
出し切った。
最高に楽しいワールドカップだった。
こんな下手くそを使ってくれた監督、仲間、いっぱいのエネルギーを送ってくれた

皆さんに心から感謝します。

子どもの頃から花を咲かせる子もいれば、40代50代で花を咲かせる人もいます。未来のことは誰にもわかりません。大人は、子どもの好奇心を受けとめ、興味を持ち続けることはサポートし、**「この子はこの子なりの最高の人生を歩む」と信じるしかないのです。**すぐに結果を求めない大人の姿勢は、子どもがのびのびと育つ土壌です。

●8　今、この瞬間を楽しむ

「見てみて、水たまり〜！」

あるサッカーの大会で、これから大事な試合だというのに、水たまりを見つけてバシャバシャとはしゃいでいた子どもたちがいました。

大人たちは「ユニフォームが汚れる！」「試合があるんだから休んでいなさい！」と小言を言っているのですが、そんなことは一切おかまいなし。にぎやかな様子を見て、ほかの子どもたちも集まってきました。

大人たちの思いとは裏腹に、今、この瞬間を思いきり楽しむ姿がそこにあって、子どもらしくていいなと思った光景でした。

現代の子どもたちは、学校が終わると塾や習い事、スポーツクラブなどに通って忙しい毎日を送っています。「将来必要になることだから」と習わせている親も多いでしょう。

大人が習い事をさせて期待するのは英語力・プログラミング力・体力・技術力といった能力が伸びることです。けれど、その中で、果たして子ども自身が望んでいることはいくつあるでしょうか?

「そんなこと言っても、今から準備しないと時代についていけなくなる!」

たしかに第2章でもお伝えしたように、これからの時代は私たち大人が生きてきた時代とは違ったものになるでしょう。AIの発達によって私たちは変化をせまられており、不安が伴うのも当然です。

しかし、これからの時代に必要なEQやCQは、子ども同士の遊びの中でこそつちかわれるものでもあり、米国の著名コンサルタントのアラン・グレジャーマンは「成功するビジネスマンに必要なことはすべて子どもが持っているものである」とも述べています。

「オヤジの栄光時代はいつだよ…全日本の時か？　オレは…オレは今なんだよ！」

マンガ『スラムダンク』（井上雄彦著、集英社）で主人公の桜木花道が試合中に放った言葉です。この言葉が多くの人々を引きつけるのは、「今が大事」ということをじつはみんなが気づいているからではないでしょうか。

子どもは、過去でも未来でもなく「今」を生きている存在です。**今見つけたおもしろいこと、今見た風景を、大切にしたくて仕方がないのです。**

好奇心を持って世界を見ることができれば、どんな時代が来ようと道を開くことができます。大人は子どもの能力ではなく存在そのものを認め、彼らが進む道を信じてあげてください。

●9　自分の好奇心も大切にする

僕は、いろんなことに興味があります。そのせいか、他の人が見ていないものを見ていることが多いようです。

また、他の人とちがった視点でものを考えていることも多いようです。確かに、子どもの頃から、注意力散漫で、とにかく、石があったらはぐってみたい。どんな虫がいるのか気になってしょうがない。でしたから、「集団行動ができない！」「落ち着きが足りません！」と、いつも怒られていました。

とある学校の先生からは、今ならそれは「多動」と言われるでしょう。と言われたこともあります。――（略）

子どもらしいといえば子どもらしいのですが、好奇心旺盛なゆえに集団生活になじめなかった経験を持つある少年のエピソードです。先生には怒られるし、だまって話を聞くこともできない。ご両親からすると、さぞかし心配だったろうと想像してしまいます。大人になった今も好奇心旺盛な人生を生きているこの少年は、北海道で小さな町工場を経営しながら、ロケット開発に情熱を注ぐ植松努さん。先のエピソードはご自身のブログに書かれたものです[2]。

植松さんは会社の経営だけでなく、全国各地で講演会をおこない、夢をあきらめない生き方で人々に感動を与えています。「TED Talks」で配信されている動画をご覧になった方も多いのではないでしょうか。

子どもの好奇心を大切にする大人は、自分自身の好奇心を大切にできる人です。

「これはどうやってつくられているんだろう？」
「本当にそうだろうか？」

あふれる好奇心は大人になっても大切であることを植松さんは発信し続けています。

私自身も好奇心は旺盛なほうだと自覚していて、この本を執筆するために「好奇心」について調べようと何度も書店や図書館に足を運びました。

自分が知りたいことを解決してくれる本はないかと探していると、手に取った本の中にも「これはどういうことなんだろう？」と違うテーマに興味がうつることも珍しくありません。

さらに、その本を書いている人にも興味が沸き、その人のインタビューをネットで探す。ストーリーに共感し、紹介されていた映画があればその映画も見てしまう。いつの間にか、「あれ？　何を調べようとしていたんだっけ？」となり、仕事が一向に進まないのです。

早く原稿を書かなくてはと執筆作業に戻るものの、新しいことを知るよろこびや好奇心の波に揺られ続ける瞬間が楽しくて仕方がない。雲の間から太陽の光が差し込むように、疑問だったことが「そういうことだったのか！」と解決する瞬間、私の心は満たされます。

規律や秩序を押しつける大人と、押しつけられる子ども。その先に待っている未来は、果たして私たちが望んでいるものなのでしょうか。

子どもの好奇心は、未来を育み、これから新しい形の仕事を生み出す力そのもの。だからこそ、大人である私たちも好奇心を大切にしたい。もっと自分の心の声に耳を傾け、好奇心を育てていくことが大切だと思うのです。

（2） 植松努のブログ　https://ameblo.jp/nyg1t10/

図：好奇心を育てる大人が大切にしている基本ルール

7 信じる （すぐに結果を求めない）	4 自分で学ぶ 経験をつくる	1 好奇心の 芽を摘まない
8 今、この 瞬間を 楽しむ	5 一緒に 探究する	2 大人の都合で 奪わない
9 自分の 好奇心も 大切にする	6 失敗を 受け止める	3 本物に触れる 機会を 用意する

第4章

子どもの好奇心を引き出すために

好奇心はどこからやってくる？

好奇心とは、「驚きのスイッチが入った瞬間」とも言えます。

「子どものやる気スイッチが見つからなくて」という相談をよく受けますが、まず探すべきものは「やる気スイッチ」ではなく、「驚きスイッチ」です。

驚きスイッチとは、「！（驚き）」と「？（疑問）」が生まれること。驚きと疑問が湧いた瞬間を見逃さないことが好奇心を育てる第一歩です。

第1章でご紹介した林成之先生は、オリンピック選手のメダル獲得にも貢献されている脳科学者です。先生によると、どうやら脳には「好き」と「嫌い」を判断する場所があり、「嫌い」のレッテルを貼ってしまうと、集中することができないというのです。

「集中しろ！」「なんでできないんだ！」

サッカーコーチ時代、私は子どもたちに怒鳴ることが多かったように思います。一生懸命子どもたちに伝えている最中なのに、子どもたちがこちらに耳を傾けてくれない。どうして集中してくれないんだろう。どうして話を聞いてくれないんだろう。

そう思っていましたが、子どもたちを怒鳴ってばかりで、もしかしたら「嫌い」というレッテルを貼るきっかけをつくってしまっていたのでは…子どもたちに興味を持ってもらうことができず、子どもたちの脳が反応しない環境を自らつくっていたのかもしれません。

好奇心が生まれる脳について、私はそれこそ好奇心を抱き始めました。少し難しい部分があるかもしれませんが、脳の仕組みを知ることで子どもをサポートできると自分が実感したので、ここで少しご紹介したいと思います。

脳の中ではどんなことが起こっている？

私たちは五感（見る、聞く、触る、食べる、嗅ぐ）を通して情報を得ています。情報が脳に入ってから伝達ルートをたどった先に起こるのが、うれしい・楽しい・おいしいなどの感情で、さらにそれが理解力・判断力・思考力などにつながります。

なんだか、難しい話が続きそうだな——。

今、この瞬間、もしかしたら「難しい話は嫌だな」という気持ちが働いているかもしれません。脳はマイナス思考や否定語が嫌いということもわかってきていて、「できない」「無理」と思った瞬間に自分で壁をつくってしまいます。それは脳の本能でもある「自己保存」の働きからくるもので、無意識的に自分に不要な情報だと指令が出て、排除されてしまうのです。

反対に、脳が好きなことはポジティブな「好き」「楽しい」といった言葉です。

脳が五感から受け取る情報は「大脳皮質神経細胞」にいったん集まり、ここで「言語中枢」や「視覚中枢」といった機能中枢でどんな情報かを判断します。

その後、頭のおでこ側にある「前頭前野」と呼ばれる部位にそのまま送られる情報もあれば、「A10神経群」と呼ばれる部位を通って送られる情報もあります。

人が物事を見たり聞いたりしたとき、それを理解して判断をする働きをしているのが前頭前野です。

では、A10神経群を通ってくる情報はどうなるのかというと、ただの情報にすぎなかったものに、「好き」「嫌い」「楽しい」「つまらない」「悲しい」「悔しい」といった感情や気持ちがタグ付けされます。

このタグ付け情報が前頭前野に届くと、それを今後どうするべきかの判断が下されます。「つまらない」「嫌い」といったマイナスのタグがついてしまうと、自己防衛本能の働きから「この体には不要なものだ」と判断され、一時的な保管場所に移されたあと、3、4日もすると見事に消し去られてしまいます。

一方、「好き」「楽しい」というタグ付けがされると、どうなるのでしょうか。

ポジティブな言葉が好きな脳は、「この情報は自分にとって大切だ」とVIP扱いを始めます。前頭前野で必要な情報であると判断され、「自己報酬神経群」と呼ばれる部位に送られます。自己報酬神経群はその名のとおり、よろこびや快適な気持ち、つまり「ごほうび」が生まれるところで、ドーパミン神経群の1つです。

学生の頃、授業の内容は全く覚えていないけれど、「先生がしてくれた恋の失敗談（脱線話）は今でも覚えている！」という方も多いと思います。それはアリストテレスやら十字軍といった歴史の話は「つまらない」と脳が判断したのに対し（歴史好きな方、ごめんなさい）、先生の失敗談は「おもしろい！」と脳が判断して「楽しい」というタグ付けをしたため、脳内で違う処理がおこなわれたのです。

自己報酬神経群は、よろこびやポジティブな気持ちによってさらに強化され、やる気や意欲を向上させます。**「楽しい」と思って行動し、実際に達成すると、ますます「もっ**

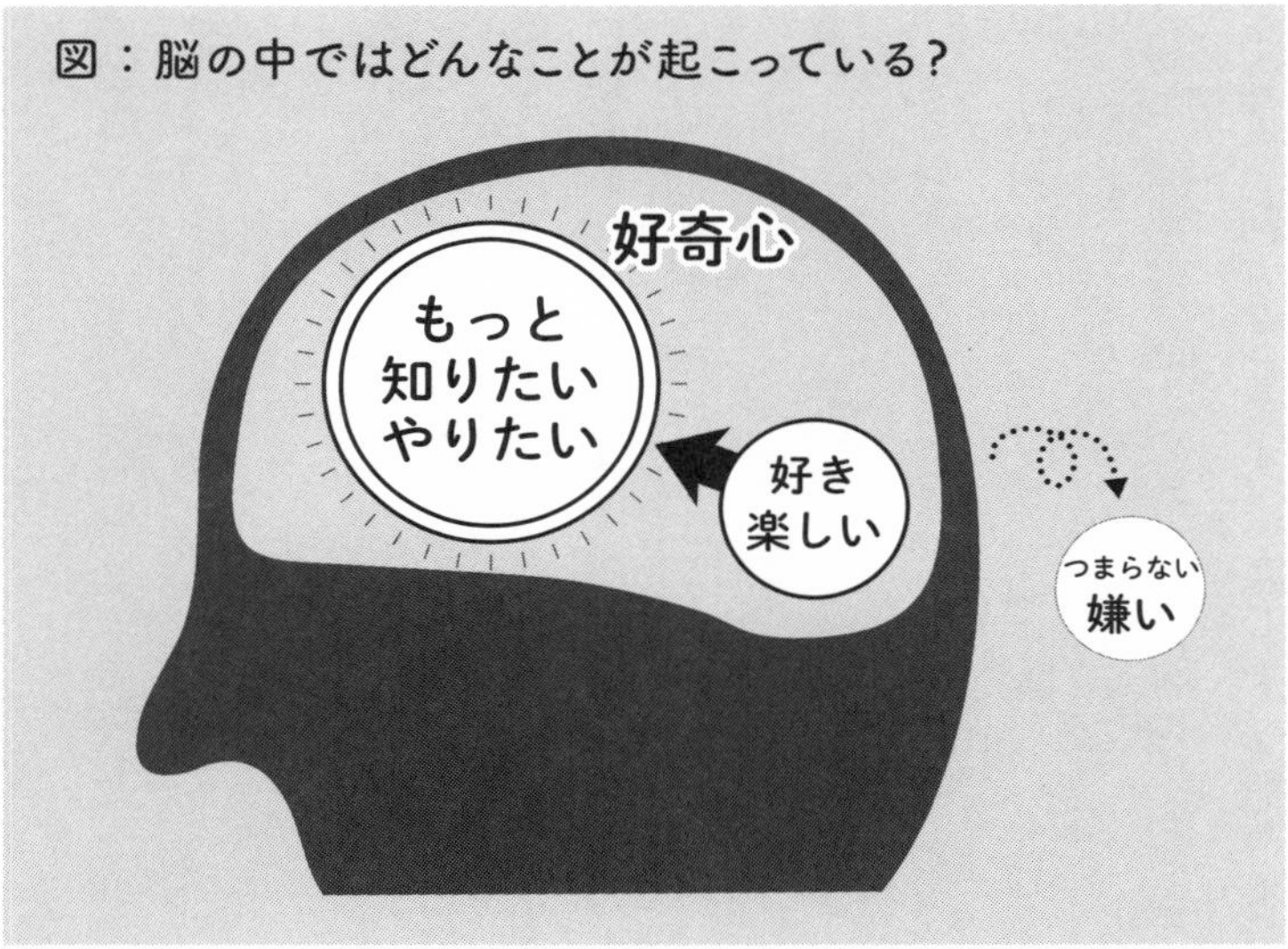

とやりたい！」「この楽しさを味わいたい！」と求めるのです。

このように、好奇心は情報にポジティブなタグ付けがされたときに起こります。

ということは、マイナスの言葉や感情よりも、プラスの感情や気持ちをつくり出すことができる環境があれば、よりセ極的に好奇心を引き出せるということです。

脳の働きである「脳力」を高めることは、まさに「能力」を高めることです。脳の働きを少しでも覚えておくと、子どもたちの好奇心を開発できる可能性が広がります（複雑な脳の働きですが、イメージと

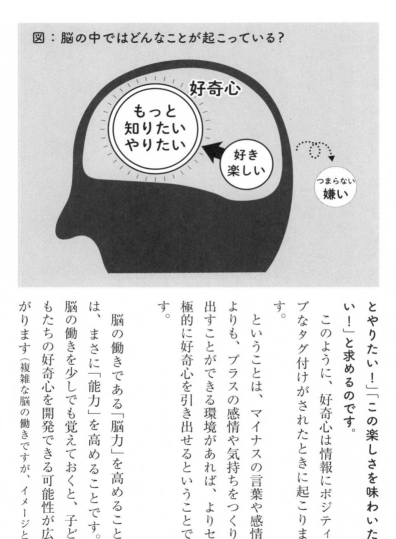

して理解しやすいのはピクサーのアニメ映画『インサイド・ヘッド』です。ヨロコビ・カナシミ・イカリなど、感情や思い出はこうなるのかと学べます。ぜひおすすめします！）。

好奇心には3つの段階がある

好奇心はひとりでに動き出すものではなく、まわりのかかわり方によって引き出すことができます。子どもも大人も持っている好奇心ですが、よく観察すると3つの段階があることがわかってきました。

●第1段階　「へぇ！」「わあ！」——価値や興味を感じる

好奇心の第1段階は、「へぇ！」「わあ！」。

まさに脳に驚きが起こった段階です。たまたまテレビに映った美しい景色に心奪われたり、CMでかかった知らない曲を「いいな」と感じたり、そんな経験は誰にでもあるのではないでしょうか。

とくに子どもは、大人にとって当たり前のことでも、まだ知らないことがたくさんあるので、「へぇ！」が起こりやすい状態です。ただの棒で先端に赤い色がついているなと思ったら、シュッとこすられて火がついた。それが「マッチ」だと知らなければ、なぜ火がつくのか不思議に思うことでしょう。

子どもが想像した予想図と違ったときほど、「へえ！」が生まれやすくなります。ただの棒だと思っていた状態と、真っ赤な火がついた瞬間には大きな差（違い）があります。好奇心のアンテナが何に反応するのか。「へえ！」とまずは興味を持ち、自分にとってこれは価値がありそうだと感じることが、好奇心の第1段階といえます。

●第2段階　「やりたい！」「知りたい！」――自分で体験する

この棒はどうやらマッチと言って、火がつくらしい。大人はたった1回で火をつけた。もしかして、ぼくにもできるかも？「へえ！」という第1段階を登ると、次は子どもに「やってみたい！」という第2段階の好奇心が生まれます。

大人でも同じです。なんてきれいな景色なんだろう！　たまたまテレビで見た景色が「ウユニ湖」だと知った。ぜったいに行ってみたい！　そう思い始めたら、好奇心がムズムズと動いている証拠です。これまで知らなかった自分と知りたい自分にギャップがあればあるほど、「のめり込む」という表現が当てはまります。

——友人に連れていかれて見たキックボクシングだったけれど、興味を持って気づいたらジムに入会していた。
——Bくんがやっているからついていっただけの野球体験会が意外とおもしろくて、自分も始めることにした。

自分で体験することほど強烈な刺激はありません。ここでぜひ、知っておいていただきたいのは、「やりたい！」「知りたい！」という感情がいつも生まれるわけではないこと。それは貴重な好奇心の第2段階であることを心に留めておくと、次につなげやすくなります。

●第3段階　「もっと知りたい！」——知的好奇心へ

シュッ。あっ、自分でも火をつけられた！　でも、どうして？　なぜただの棒なのに火がつくんだろう？　何か秘密があるのかな？

マッチで火をつける経験によって、新たな疑問やワクワクが生まれたら、それが好奇心の第3段階、「もっと知りたい！」です。ここまで来ると、第1段階で感じた興味や

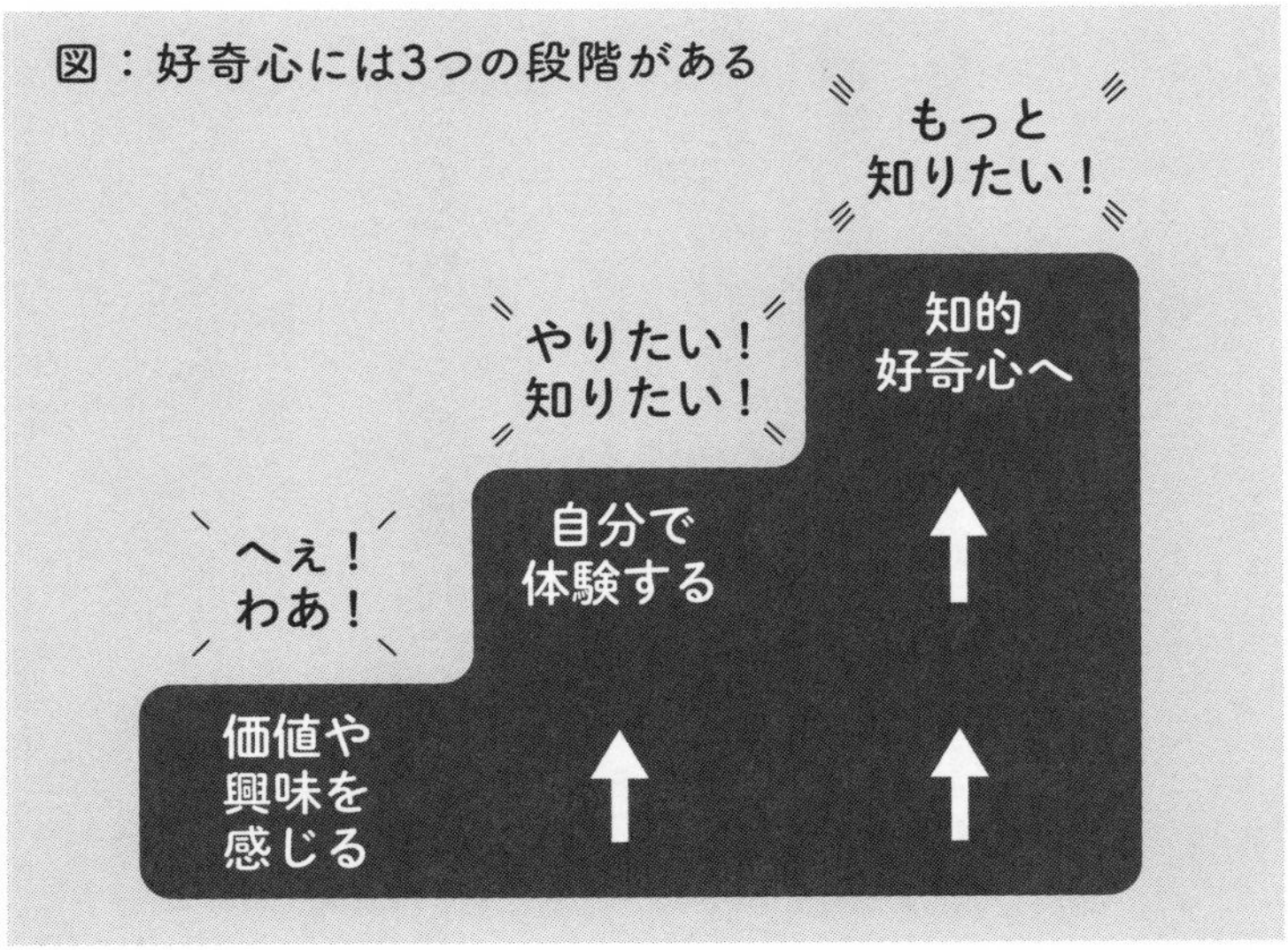

価値が自分にとって確かなものとなり、表情も変わってきます。
テレビで見たウユニ湖への行き方を調べ、旅行費用を貯め、やっと自分の目で見ることができたとしましょう。美しさへの感動はもちろん、どうしてこんな景色ができたのだろう？　どういう歴史があるんだろう？　あなたはさらに深く知りたくなっていると思います。また、世界遺産に興味を持ち、次はどこに行こうか、さっそく調べ始めているかもしれません。
好奇心の第3段階は、驚きが知的好奇心へとつながることが特徴です。ここの段階まで来ると、「勝手に勉強し始める」「自分から動き出す」ことも可能になります。

さあ、あなたが今まで興味を持ったこと、スポーツでも趣味でも何でも構いません。この3段階で説明するとしたら、どんなストーリーができるでしょうか。また、かかわっている子どもたちはどの段階にいるでしょうか。

子どもに好奇心を抱いてもらう3つのステップ

では実際に、子どもに好奇心を抱いてもらう方法について見ていきましょう。子どもの「へぇ！」「やりたい！」といった好奇心を引き出すためには、次の3つの視点が必要です。

1　自分を知る
2　子どもを知る
3　伝わるかたち（言葉）に変える

1つ目はあなたが自分自身の気持ちを知ることです。子どもに伝えたいことやお願いしたいことを明確します。

2つ目は子どもを知ることです。子どもが今どんな状態か、どんなことに興味を示したり困ったりしているのかを見ていきます。

3つ目は、子どもに伝えたいことや「へえ！」を引き出すために、どんな言葉なら伝わるかを考えます。伝え方を工夫すれば、子どもの「やりたい！」をさらに引き出しやすくなります。

では、まずは、あなた自身について考えていきましょう。

次のしつもんに答えてみてください。

「あなたが子どもに（選手に）伝えたいことは何ですか？」

ここではよくある例として、「**子どもが自主的に練習に取り組むようになって欲しい**」としましょう。注意したいのは、「自主練しなさい」とストレートに伝えてしまうこと。ときと場合によってはストレートに自分の思いを伝えることでうまくいくこともありますが、自主練をしていない子どもにそのように伝えてしまっては、「めんどうだなぁ」「嫌だなぁ」と脳がレッテルを貼ってしまいます。

次に、子どもの立場にたって、子どもを知ることを考えてみましょう。

本人にしつもんを通じてインタビューすることがもっとも望ましいのですが、まずは観察と想像を駆使し、彼らのことをよりくわしく知っていきます。

「子どもが困っていることは何ですか？」
「子どもはどんな未来を描いていますか？」
「子どもはどんなことに興味を持っていますか？」

一度あなたのお願いから離れて、子どもの頭の中を想像します。何が好きか？　何が嫌いか？　どんな性格か？　どんなことに困っていて、どんなことに憧れて、どんな未来を描いているのか？　基本的な情報も含めてわかりうる子どもの状態を思い浮かべてみましょう。たとえば――

野球をやっていて、次の大会までにレギュラーになりたいと思っているが、なかなか結果が出ない。
プロ野球の試合が好きで、メジャーリーグもテレビでよく見ている。
大谷翔平選手がとくに好き。憧れている。

そんなふうに自分を知り、子どもを知ることができたら、伝える言葉を工夫していきましょう。

このとき大切なことは子どもの目線で伝えることです。

子どもから「やりたい！」「知りたい！」という好奇心を引き出し、あなたのお願いしたいことが達成されるようにします。「大谷選手が好き」「もっと上手くなりたい」であるなら、それを満たす伝え方で届けるのです。

「大谷選手がこっそりやっていた自主練の方法、知りたい？」

子どもからすると自分が憧れている選手が少年時代にやっていた方法ですから「知りたい！」と答えてくれる可能性がぐんと高まります。大谷選手が好きだという気持ちに共感し、知的好奇心がムズムズと動き出すような声がけをしていくと、「自主練しなさい」とストレートに伝えるより何倍も会話が弾むはずです。

ただし、もしも「うーん、今はいいや」と断られてしまったとしても、「なんで?」と怒らないでくださいね。選択肢を奪わず、子どもを責めないことが重要です。私たちに求められていることは、子どもを信じることと、アプローチを変えること。どんな方法なら興味を持ってくれるのかと、さらに好奇心を持ってかかわる姿勢です。

黒眼がぎゅっと大きくなる瞬間を見逃さない

子どもたちが夢中になっている様子をよく観察していくと、集中しているときは身体的特徴が現れるようになります。

「目の色が変わった」
「目が生き生きとしている」

子どもも大人も、楽しそうにしている様子を表現するときに「目」が使われることがあります。これは目と脳が関連の深い部位であることの証拠。実際、12種類ある脳神経のうち、4分の1にあたる3つの神経（三叉神経、視神経、動眼神経）が目とつながっています。さらに視神経と動眼神経は脳と直接つながっているため、脳の働きが目に現れやすい仕組みになっているのです。

集中しているときに何が起こるかといえば、代表的なものに黒眼の変化があげられます。脳に好奇心スイッチが入ると、黒眼が一瞬ぎゅっと大きくなります。まさに、「へえ！」「わあ！」と目が輝いた瞬間です。

子どもの目や表情は口から出てくる言葉よりも正直です。子どもとの距離が近いお母さんは、嘘泣きはすぐにわかるといいますし、目を見ていればその子の具合がわかるともいいます。目の前にいる子がどんなときに夢中になるのか、どんな瞬間に表情が変わるのか。好奇心を引き出したいと思うならば、私たち大人は子どもの目や体、表情、あらゆる角度から観察しておくことが必要です。

「へぇ！」「わぁ！」を引き出す方法

好奇心の第1段階、「へぇ！」「わぁ！」という瞬間があれば、子どもたちの心は動き出します。それは前述した脳科学的な面からも証明されています。ここでは、私自身がたくさんの子どもたちと接する中で感じた「へぇ！」を引き出すヒントをお伝えします。

基本は「話を聞いて」と伝えるよりも、「話を聞きたくてしょうがない」という状態をつくること。それこそが、子どもにとっても大人にとってもストレスフリーで楽しいはずです。

●遊びから始める

遊びは子どもたちの好奇心の結晶です。幼稚園の先生からお話をうかがったことがあるのですが、たくさんの子どもたちが園庭で遊んでいても、最後は1つの遊びに集約されるのだそうです。

「それはどんな遊びですか？」

「いちばん楽しそうにしている遊びですよ」

子どもたちにとっては「遊び」でも、たとえばそれが鬼ごっこだとしたら、スポーツの視点で考えると瞬発力、判断力、持久力、体の使い方…たくさんの要素が詰まっています。「判断力を鍛えるぞ！」と言わなくても遊びの中で自然と身につけることができます。

キャッチボールして「遊ぼう」
公園でサッカーして「遊ぼう」

大人が混ざって遊び始めると、子どもは本気で向かってきます。気がつくと汗を流して走り回っている。**「遊ぼう」という言葉は子どもにとっては魔法の言葉**なのです。

「遊びから始めましょう」というと、どうしても、「いやいや、もっと真面目にお願いします」と言う方もいらっしゃいます。「遊び」という言葉にあるイメージは、不真面目？　怠けもの？　スポーツや勉強には不要？　いえいえ、違います。

脳の働きでもご説明しましたが、好奇心がむくむくと動き出すきっかけとなるのは

「好きだ！」「楽しい！」という感情が働いたときです。学習環境デザインを専門に研究している同志社女子大学の上田信行先生はこのように述べています。

「遊びと言っても、遊園地で遊んだり映画を観て感じるような、単純に楽しいのとは少し違う。どちらかというと、目の前のことに対して知的好奇心や興味のスイッチが入って、夢中になった状態に近い。誰かにお膳立てしてもらった楽しさではなく、みずからが能動的に他者やモノとかかわっていくプロセスを通して生み出される楽しさ。他者との化学反応によって、身体からあふれ出るポジティブなエネルギー」（『プレイフル・シンキング』宣伝会議）

これが「プレイフル」といわれる状態であり、私が目指す「遊び」です。

講演や講座のときも、最初のアイスブレイク（導入時間）はちょっとしたゲームや遊びを通してコミュニケーションをとります。指定した形になるまでのタイムを測るというゲームがあるのですが、大人も子どももなんとか時間短縮を目指そうとやる気満々。「これ、ゲームですから。遊びですからね」と言って笑い合うこともよくあります。

好奇心は遊びや楽しいことが大好きな脳の働きによるもの。であれば、脳がよろこぶ環境をつくることが、好奇心を引き出すことにつながるのです。

●ストーリーを伝える

たとえば「自主練をしてほしい」と伝えたいとき、どうしてそれを伝えたいのかを考えてみると、あなた自身が過去に自主練したことによって得られた何か、あるいは自主練をしなかったことによって失った何かがあるからではないでしょうか。

そうであれば、そのストーリーごと伝えてみましょう。

「お父さんはさ、小学生のときはレギュラーだったんだけど、練習しなくてもできるんだと勘違いしてね。中学生になったらまわりのライバルにあっという間に抜かされて補欠になったんだよ。悔しかったなあ。お前にはそんな思いをしてほしくないんだ」

小学生のときはレギュラーだったのに、中学生になったらコツコツ練習をしていた友だちがレギュラーになり、自分はメンバーに選ばれなかったこと。

なかなかできなかった逆上がりが、毎日練習したらある日できるようになったこと。

そのときの悔しさやうれしさは、大人になってもまだ残っているのではないでしょうか。子どもに伝えていきたいのは、行動の先にあるそういった「感情」です。

ストーリーを伝えることは共感や共鳴を起こしやすいもの。身近にいる大人や尊敬している選手のストーリーは、子どもたちにとって大きなお手本となるのです。

●さまざまな体験をつくる

「ドラえもんは知ってますか？」

「もちろん知ってますよ！」

「では、どんな顔だったか、描いてみてください」

大人向けの講座でドラえもんの顔を描いてもらったことがあるのですが、「知ってる」はずなのにほとんどの人は描けません。一方、幼稚園や保育園の先生は教室でドラえもんを描くという実体験をしているからスラスラ描けます。

「好きなものややりたいことが見つからないときはどうしたらいいですか？」という質問をいただくことがあります。

オリンピック選手や全国レベルを目指している選手のように、「これだ！」と思えるスポーツや物事に出会えることはむしろまれなことかもしれません。私は、「とにかく体験してみましょう」とお伝えするようにしています。**多くの体験を経てこそ、「わたしはこれが好き！」というワクワクが見つかる**からです。

ではその体験はどこからといえば、子どもの場合、自分からそれを求めるには限界があります。だからこそ、大人が、「やってみる？」と積極的に体験の機会をつくること。子どもがやりたいと言ったら、まずはやらせてみること。「へぇ！」はそこから生まれます。

体験の「験」という字には、「しるし」という意味があります。実際に体験することで、そのときどう思ったか、楽しかったのか怖かったのか、つまらなかったのかワクワクしたのか、自分の感情を確かめることにもなります。そうやってたくさんのしるしをつけることは、子どもにとって成長の軌跡そのものとなるのです。

「やりたい！」「知りたい！」を引き出す方法

好奇心の第2段階である「やりたい！」「知りたい！」を引き出すためにはどんな工夫をするとよいのでしょうか。

第1段階を経て、すでに興味を持っている状態なので、ちょっとした工夫さえあれば好奇心の芽はあっという間に育ちます。だからこそ、子どもたちがのめり込むような引き出し方が大事だといえます。

●バーチャルとリアルを近づける

好奇心の第1段階で生まれた「へえ！」がテレビや本で見たものであった場合、バーチャルなきっかけをリアルに近づけることが、「知りたい！」を引き出します。

第1章でお伝えした、「友だちが描いた絵の生き物は何だろう？」と疑問を持ったさかなクンが、「これはタコだ！」と発見したとき、「本物を見てみよう」とお母さんが水族館に連れていきましたね。それがまさに、バーチャルとリアルが近づいた体験です。

私自身はスタジオジブリの楽曲でよく知られている久石譲さんの大ファンで、毎年必ずコンサートに足を運びます。**スマートフォンから流れる音楽とコンサートホールで聴く音楽とでは雲底の差があります。**耳だけで楽しんでいたものを身体全体で楽しめるといったらわかりやすいでしょうか。

サッカーが好きなら、Jリーグの試合に足を運んでみる。星が好きなら天文台や山頂に星空を観に行ってみる。映像や写真でしか見たことのない世界を、自分の目で見て身体で感じるリアルな体験は、「もっと知りたい」のきっかけづくりです。大人でも旅行をしたり美術展に行ったりすることで、「これ、教科書で見たことある！」と興奮することもあるはずです。

子どもたちが興味を持っているものがあるなら、ぜひ「本物」に触れさせてあげてください。

●追体験の機会をつくる

過去の偉人たちは世紀の大発見をどのように導いたのか。結果をただ説明されるだけではおもしろくありません。けれど、**その人物と同じような状況で、「きみならどうする？」「どうやって謎をとく？」と問いかけられれば、子どもの好奇心はメラメラと燃えはじめます。**

「スポーツ探究教室」というイベントを開催したときのことです。近代オリンピックの父と呼ばれるピエール・ド・クーベルタンの人生を追体験しながら、「きみならどうする？」と子どもに問いかけました。

クーベルタンは貴族の子どもとして生まれ、幼い頃に普仏戦争やフランス国内の内乱を目の当たりにし「戦争なんてなくなればいいのに！」と心の中で叫びました。その後、とくにスポーツによる教育を学び、「スポーツで平和な世界をつくりたい」と願い、多くの困難を乗り越えて、オリンピックを復活させたのです。

彼の人生を振り返りながら子どもたちに問いかけます。

「幸せって何だろう？」
「スポーツの価値って何だと思う？」
「きみならどうする？」

追体験には、誰かの経験を自分の本当の体験として感じさせる力があります。子どもたちの好奇心がむくむくと動き出す追体験は、「知りたい！」を引き出すための絶好の機会なのです。

「もっと知りたい！」を引き出す方法

好奇心の第3段階、「もっと知りたい！」と欲しがっている状態を引き出すための方法です。すでに第1、第2段階を経ているので、興味があることにはある程度の知識がついている状態です。この段階まで来ると自分から進んで調べたり取り組むことも多く、さらに背中を押す工夫をしていきます。

●新しい情報を与える

興味があること、好奇心を持って接していることについて、新しい情報を与えると「えっ、そうなの！」とさらに興味を引くことができます。

子どもたちと話しているとき、彼女たちが大好きなアニメの中で、ある声優さんの話題になりました。

「知ってる？　その人って、違うアニメでも有名なある役の声優さんなんだよ」

子どもたちは驚いて、「えっ！　何のアニメ？　誰だれ？」と聞いてきます。こそっと教えると、「知らなかったー!!　じゃあ、それも見てみる！」とうれしそう。

スポーツの場面でも同じです。一定のレベルまで達していたり、まわりよりもこの子はできると思ったら、新しい技術やプレーを習得できるチャンスです。子どもたちや選手を観察し、「もっと！」という欲求があるなと感じた場合は、惜しみなく新しい情報を与えるようにします。

●「自分だったら?」と置き換えてみる

他人事だったことを「自分だったら?」と置き換えて考えさせると、好奇心が刺激され、さらに知識を深めようとするスイッチが入ります。

「あなたがキャプテンだったら、どうする?」
「きみがもしフリーキックを蹴るとしたら、どうする?」
「自分がもし監督だったら、どうする?」

こんなふうに「自分だったら?」「あなたならどうする?」と考えることを、心理学では「迫真性」と呼んでいます。自分だったらと考えることで興味のあることがより身近に感じられ、さらなる好奇心を引き出すきっかけとなります。

アメリカの教育学者であるベンジャミン・ブルームは、指導法の1つとして「ブルーム・タキソノミー」という分類学を用いたピラミッド型の思考スキルを提案しました。これは何かを学んだり身につけたりするときには、知識・理解・応用・分析・統合・評価という6階層を経ていくというもので、この思考スキルに基づいて指導することで学習内容やスポーツ技術を習得することができるとされます。そして、1999年に出された改訂版でピラミッドの頂点に来たスキルが「創造」です。

小学校3年生の算数を例に考えると、「24÷4」に正しく答えることができるのであれば、最終的には「24÷4になるような問題文をつくりましょう」という質問が出されます。

「きみなら、どうする？」
「きみなら、どうすればいいと思う？」

このように創造は「自分なら？」と考えることから始まります。物事をただ丸暗記するのではなく、正しい理解と応用、分析ができてこそ「自分だったら」と新しい世界を創造することができるのです。

●子どもに教えてもらう

「お月様って、地球のまわりを回っているんだよ」
「ええっ、そうなの？　お母さん知らなかったなあ。もっと教えてくれる？」

「もっと知りたい！」という好奇心を引き出すコツの1つに、「子どもに教えてもらう」という方法があります。

大人が知らないことを子どもが知っていると、子どもは得意気になって教えてくれることがあります（ちょっとここでは、「嘘をついてはいけない」という道徳心はいったん置いておきましょう）。

子どもは一生懸命大人に伝えようとするので、たとえ語彙が少ないとしても、知っている言葉を最大限に使って説明しようとします。一見すると、好奇心を引き出すのではなく、今知っていることのまとめをしているように見えますが、この「まとめ」こそが次の「もっと知りたい！」につながります。

「今日の試合でね、たくさんゴールを決められるようにがんばったんだよ！」

「お母さんもそれは気づいてたよ。どんなことに気をつけたの？」

私が子どもたちや選手とかかわるときは、「教えない」という姿勢を取っていることはすでにお伝えしてきました。大人から教えるのではなく、子どもから教えてもらう。子どもが感じたことを伝えてもらう。**自分の気持ちを受け止めてもらえたと感じると、不思議と子どもたちは自ら学ぼうと行動し始めます。**

なんでも知っているほうがかっこいい。教えることは大人の役割。そういったプライドや見栄はいりません。子どもに堂々と「ねえ、それ教えて」と言える大人が、子どもの好奇心を伸ばします。

第5章

夢中をつくる「しつもん」テクニック

自主性と主体性の違い

子どもの好奇心を引き出すために、これまでさまざまな心がまえやスキルをお伝えしてきました。ここでは私が専門としている「しつもん」を使って好奇心を引き出す方法を、「自主性」と「主体性」を軸にしながらお話していきます。目指すのは、子ども自身に問い＝「しつもん」が生まれ、夢中になっている姿です。

子どもたちの間で人気の「Minecraft（マインクラフト）」というゲームをご存知ですか？このゲームは「敵を倒したらクリア！」というゴールもなく、スコアを争うような競争もありません。いったいどういうゲームなの？　と不思議に思うのですが、驚くことに「こういうゲームです」というルールさえないのです。

ブロックを集めて自分の好きな物をつくってもいいし、農場をつくって動物を飼ってもいい。モンスターと戦ってもいいし、自分の城を築くだけでもいい。一般的なゲームはすでに遊び方が決まってそれを攻略していくのに対し、マインクラフトは「どうやって遊ぶのか？」という段階からプレイヤー自身が目的をつくっていくことができます。

自由な発想ができるこのゲームは、ユーチューブで世界中から発信されていることもあり、2009年の発売以来、子どもたちに大人気です。

何をするかは自分次第。制限もルールもない中で、どうやってつくり上げていくか。これはまさに好奇心があるからこそ楽しめるゲームといえますし、本当の意味での「遊び」と言えるのではないでしょうか。

「自分だけの畑をつくりたい」「仲間を集めてモンスターを退治したい」。自分がしたいことがなければ、このゲームを楽しむことはできません。あれをしてはダメ、これをしてはダメという制約がない自由な世界は、「どうやって楽しもうかな？」という、自分自身の「しつもん」が生まれてこそ夢中になれるのです。

自由で制限のない中で生まれる「こうしたい！」という気持ちを「主体性」と言います。一方、やるべきことがあらかじめ決められていて、その中で自分がどう動くかを問われることを「自主性」と言います。

学校から出された宿題を時間内に決めてやるという行動は、自主性から生まれています。指示された宿題ではなく、今日は何を勉強しようか？　と宿題以外の勉強をしようとすることは主体性から生まれる行動です。宿題以外の勉強は極端に考えれば、やってもやらなくてもどちらでもいいこと。自分でやることを考え、誰に指示されたわけでもないけれど進んでおこなうことが主体性です。

主体性はスポーツの場面でも必要な力の1つです。そもそも、スポーツは遊びから発展したものであり、誰かから指示されて動くものとは遠い存在にあります。

「どうしたらボールはまっすぐ転がるんだろう?」
「どうやったらカーブを投げられるようになるんだろう?」
「試合に勝つためにはどうしたらいいんだろう?」

もっと高度な技術を身につけたいと思ったり、試合に勝ちたいと思ったりするとき、子どもたちの心の中に自然としつもんが生まれます。コーチや親から指示されたことをこなすだけでは決して夢中になることはありません。

主体性を持ち、夢中で何かに取り組む——これこそが、子どもたちになってほしい姿です。

自然としつもんが生まれるという意味では、マインクラフトは子どもたちの心の中にどんどんしつもんを生むゲームであると言えます。

「どうやって遊ぶんだろう?」
「ほかの人はどうやって遊んでいるんだろう?」
「ぼくは、どうやって遊ぼうかな?」

たかがゲームと思いがちですが、これは大人になって社会に出たときに必要とされる力です。

「どうしたら仕事ができるようになるだろう?」
「ほかの人はどうやって進めているんだろう?」
「自分はどうやって取り組もう?」

学校教育をちゃんと終えたのに、社会の中に出てみたら「指示待ち人間」と言われ、もっと自分で考えろと叱られる。

図：自主性と主体性の違い

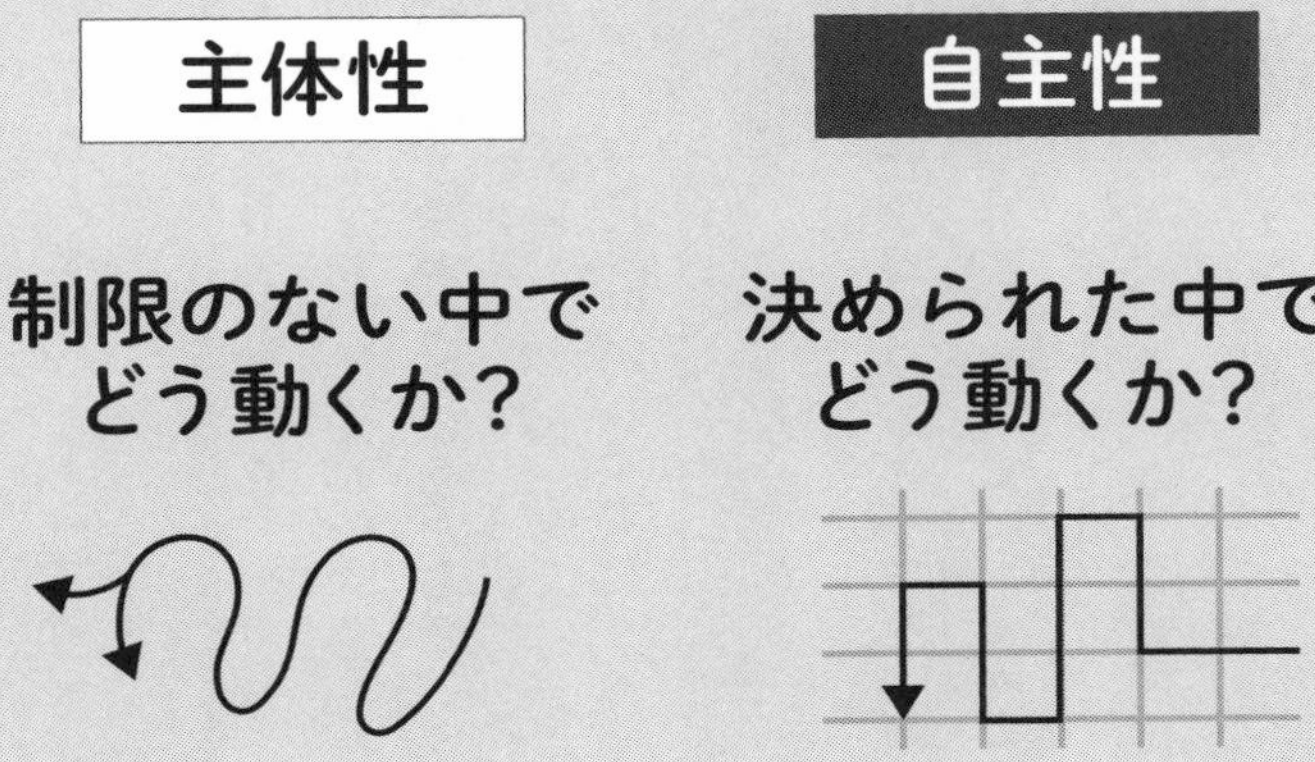

子どもたちが自分で考える機会を奪ってしまうことは、大人になったときに彼らを困らせてしまうことにつながります。

今、大人の私たちができることは、子どもたちの心の中に自然としつもんが生まれる瞬間をつくり、夢中になる経験をたくさんできる環境をつくることなのです。

しつもんを活用するときの3つのルール

「はじめに」でもお伝えしましたが、しつもんをするときの3つのルールをここでおさらいしてみます。

ルール1　どんな答えも正解
ルール2　わからないも正解
ルール3　相手の答えを受け止める

大人が子どもにしつもんをするとき、どうしても「こういう答えが出てきてほしい」「ハキハキと答えてほしい」という期待を持ってしまいます。

まず、そういった期待を子どもにしている自分に気づくこと。そして、子どもから出てくる答えはどんな答えでも受け止める。わからないという答えであっても、「わからない状態」である子どもをそのまま受け止める姿勢がベースとして必要です。

母親でもありパートで仕事をしているAさんは、学校から帰ってきた娘さんにいきなりしつもんされたことがあるそうです。

「お母さん、今日は何か楽しいことあった？」

いつもはお母さんから「今日は学校どうだった？」と聞かれている娘さんだったので、何気なく、お母さんにもしつもんしてみたくなったのでしょう。

いきなりしつもんが飛んできたAさん。今日？　楽しいこと？　今日は何をしたっけ？　いつものように学校に送り出して、仕事に行って……すぐに答えが出てこない。「うーん、わかんないなあ」と思わず答えてしまったというのです。

でも、「わからない」という答えが出てきたとしても、頭の中では一生懸命に1日を振り返っています。また、そのとき答えたくない気分だったのかもしれないし、あとから思い出すことだってあるかもしれません。子どもたちの「わからない」にはわからないなりの理由があるし、それでOKなのです。

しつもんをすると脳は自然と答えを探し始めます。私たちは「しつもんをされると答えたくなる」という性質を持っていて、つまり、しつもんと答えはワンセットなのです。

子どもたちが自分から行動するようになるためのファーストステップは、とにかくしつもんに触れること。最初は1日に1回でかまいません。子どもたちにしつもんをして、自分で考える習慣をつけさせてください。しつもんに答えることで、自分や相手の心の中をのぞいたり確認するトレーニングにもなります。

このとき、しつもんする側で大切なことは、「たぶん〜だろう」「きっと〜なはず」といった思い込みをなくし、「そうだよね」と相手の答えを受け止める気持ちです。どんな言葉であっても、子どもの口から出てきた答えこそが正解です。

――きっとレギュラーになりたいと思っているんだろう。

――たぶん負けたくないと考えているはず。

――悔しいから泣いているんだろう。

スポーツの場合、勝ち負けばかりを重視してしまうと、どうしても「子どもたちも勝ちたいと思っているはずだ」と考えてしまいます。しかし、「次の試合、どうなっていたら最高？」というしつもんを子どもたちにしてみると、

「○○くんともっと仲良くなりたい！」

「パスをする！」

図：しつもんを活用するときの3つのルール

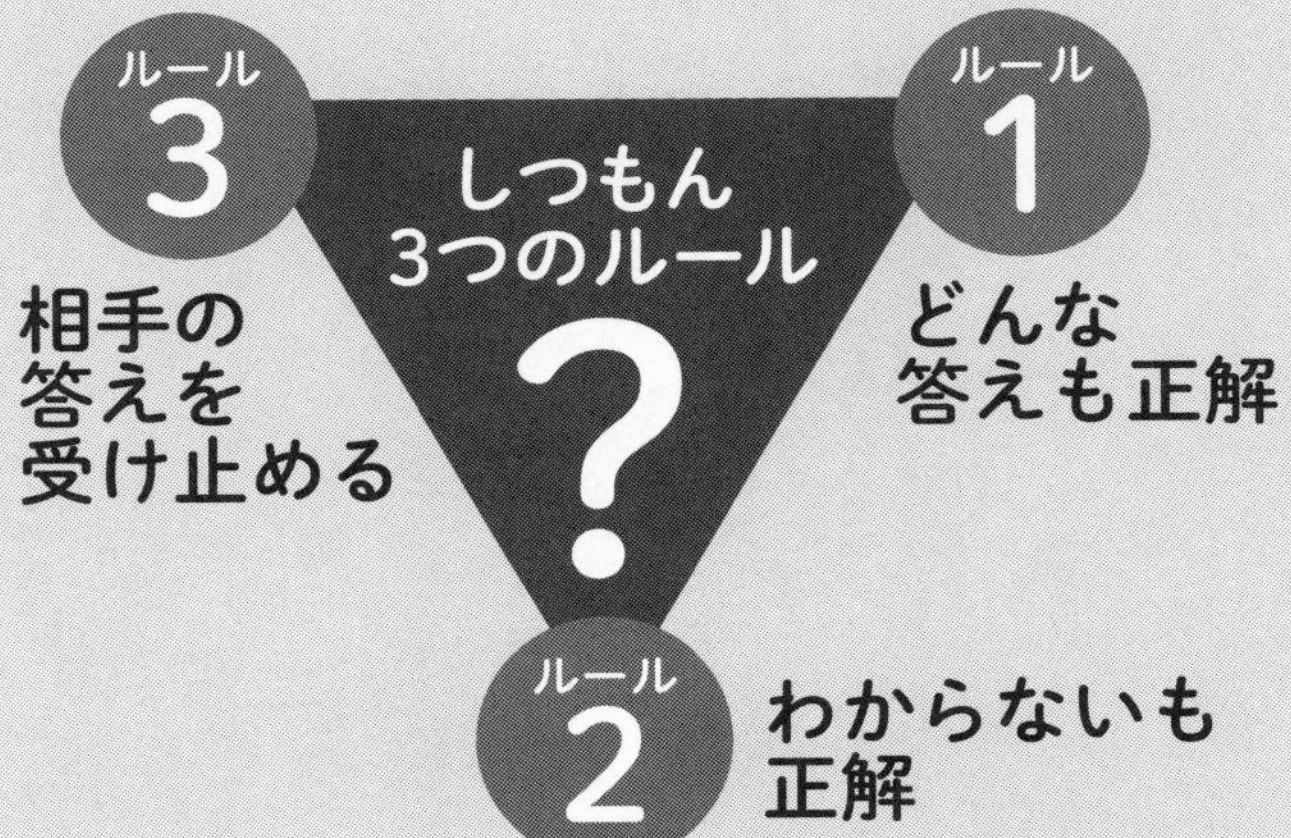

「シュートを打ってみたい！」と、勝ち負けとは違ったところに目標をおいている場合がたくさんあります。

子どもにしつもんをすると、想定外の答えが出てくることもありますが、想定外の答えがあるからこそ、現状を把握し、子どもたちの心の声を理解することができます。

出てきた答えを「そうは思わない」「私の意見は違う」と思っていても、いったん「そういう考えなのか」「そういう考えもあるね」と受け止める。答えを受け止めてもらう体験が、自分を受け入れてもらっているという実感にもつながります。

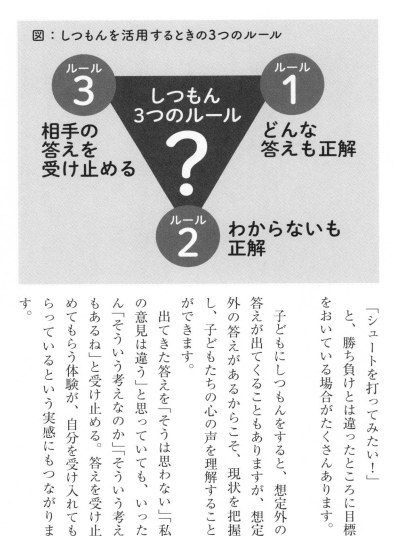

しつもんで夢中をつくる

子どもには自分から進んで何事にも取り組んでほしい。親が言わなくても積極的にやろうとする子に育ってほしい。「どうしたら夢中になってくれるんだろう？」という願いは多くの大人に共通しています。

夢中になる、つまり**主体性を身につけるためには、その前に自主性が身についている必要があります**。子どもたちの心の中にいきなりしつもんが生まれて自ら動き出すわけではありません。1段ずつステップを踏むことで、「自分で考え、自分で行動する」という最終段階にたどり着くことができるのです。

――してほしいことはあるのに、何度言ってもやろうとしない。

――声をかけたらやるけれど、自分からはやろうとしない。

まずは今、目の前にいる子どもたちがどの段階にあるのかを観察してみましょう。やる気がないのであれば、やる気が出るような声をかける。やる気はあるようだけれど、友だちと一緒だったりごほうびがもらえたりといった環境に頼っているのであれば、自分の内側からやる気が高まるように導いていく。

どの段階であっても、大人のかかわり方で子どもたちに変化の機会が訪れます。子どもの状態に合った声がけをして、自分から取り組めるようなサポートをしていくことが大切です。

●段階1　何もしていない状態

モチベーションが低く、何をするか、何をすべきかをわかっていない状態です。かかわる大人側からすると、何を考えているのかわからず困った状態ととらえてしまいがちですが、まずは「してほしいこと」「するべきこと」を伝えていきましょう。

このとき注意してほしいのは「〜しなさい！」と上から押し付けるような伝え方をすること。大人でも「売り上げをつくってこい！」「やる気を出せ！」と言われると、どんな気持ちになるか、想像がつくと思います。

しつもん例①
「ご飯の時間までに、やっておきたいことは何がある？」

↓子どもが自分で「宿題がある」と気づく
「今日はどんな練習をするのかな？」
↓練習内容を自分で確認する

この段階の子どもに必要なことは「きっかけ」です。

「宿題が終わったら一緒におやつを食べようね」「洗濯物をたたんだらお小遣いあげるね」というような声がけを使ってももちろんいいのです。ものやお金につられて…というマイナス面は置いておき、「できたね！」と認め、ほめることで子どもの心に「やったら気持ちがいい」という成功体験を増やしていく段階といえます。

●段階2　言われてもやらない

宿題があることもわかっている。練習をしたほうがいいことも頭ではわかっている。やることとやすべきことはわかっていても、やらない状態です。

何をするかはわかっているのですから、やらないにはやらないなりの理由がありま す。面倒だ、どうせやっても無駄、今はやりたくない……「なんでやらないの？」と問い詰めると「だって○○なんだもん」という言い訳ばかりが返ってきます。

言われてもやらないときは、自分からやろうとする気持ちにさせる声がけが必要です。ここで大切なのは伝え方の工夫です。

「宿題は？」「練習は？」といった強制するような声がけや、「何度言ったらわかるの！」という言葉が出てしまいがちですが、やらないのであればその言い方では伝わっていないということ。「この子にはどんな言葉が響くだろう？」と一度立ち止まって考えてみてください。

しつもん例②
未来がイメージできると動く子なら
↓「宿題を先に終えるとどんな良いことがありそう？」
友だちとの関係を大事にしている子なら
↓「誰と一緒に練習したい？」

子どもたちとかかわる機会が多くなると、言われても動こうとしない態度を見て、「何度言ってもだめだ」とあきらめてしまいがちです。でも、大切なのはここであきらめないこと。子どもたちも本当は、「できないから悔しい」と思っていたり、「今度の試合は勝ちたい」と思っていたりするものです。

してほしいことがあるならば、その行動を引き出すまでが大人やコーチの役割です。子どもたちの反応を見ながら、しつもんを繰り返してみてください。

●段階3　言われたらやる（言われないとやらない）

言われたらやるけれど、言わないとやらない。これは自分からやろうとするまでもう一歩の状態といえます。やり始めることさえできれば、あとは自然と夢中になったり楽しんだりできる。この段階では子どもたちの個性に合わせたしつもんはもちろん、何をしてほしいか伝えるときに「遊び」を取り入れると効果的です。

しつもん例③

「片付けの競争をしよう。どっちが早いかな？」

「今日のドリルは何分で終わらせたい？」

おもちゃで遊んだあと、なかなか片付けようとしない小さな子であれば、大人が一緒に競争することでゲーム性を見出すことは保育士さんなどがよく使っている方法の１つです。負けたくないと思う子どもはあっという間におもちゃを集めてくるので、結果的に「お片付けができた」ことになります。

さらに「部屋がきれいになると、どんな気持ち？」と問いかけることで、片付けをする自分自身も晴れやかな気持ちになることを知り、進んで取り組むようになります。

これはスポーツでも同じで、**最初は遊びのつもりでも、体を動かすこと自体が好きになってくると、「楽しいからやりたい」という気持ちを育むことになります。**大人の私たちはつい「遊んでばかりいないで」と言ってしまいがちですが、本来は遊びの中で自主性を育てる発想こそ、子どもにとっては大切なのです。

●段階4　言われなくてもやる

「宿題は？」
「もう終わったよー！」
「ちょっと素振りしてくるね」

大人から声をかけなくても、してほしいことは自分からやっている。この段階にくると、自主性は身につき始めています。

言われなくてもやっているので大人は安心しそうになりますが、**「これさえやっておけば何も言われないから」「とりあえずやっておく」というように行動自体に満足してしまい、それ以上のことをしないという新たな課題も見えてきます。**

子どもたちが夢中になるときは、「ここまで」という制限がありません。1つの答えが見つかっても、すぐに別の疑問が生まれてきます。言われなくてもやるようになった子どもの可能性をもっと伸ばしたいと思うなら、子どものやる気とリンクした声がけが必要です。

しつもん例④
「今の勉強はどんなところが楽しいの？」
「今日のレッスンはどんな発見があった？」

ここで注意したいのは、**自分が好きでしていることに対して過度な報酬を与えられると、モチベーションが下がる場合がある**ことです。心理学では「アンダーマイニング効果」と呼ばれています。

好きでしていることに対して報酬が出る。お金やおやつがもらえる。一見すると問題ないようにも思えますが、子どもは「じゃあ、今まではなんだったんだろう？」と感じ、「好きだからやっていたのに」とモチベーションが逆に削がれてしまう傾向があります。子どもをよく観察しながら、やる気をさらに高め、ワクワクする気持ちを引き出していきましょう。

●段階5　自ら考え、行動を選択する

「ぼくは体力がないから走る練習を増やそう」「もうケガはしたくない。ケガをしにくい体になるためにはどうすればいいんだろう？」

自分で好きなことに対して積極的に取り組んでいる。今自分が何をすべきかを自分で考えることができる状態です。この段階になると、ほぼ自主性から主体性に変わったといえるでしょう。そう、私たちが目指す「夢中」の状態です。大人がかかわらなくても子どもたちは自分に今何が必要かを考え、次に取るべき行動を選択します。

しかし、だからといって、子どものしていることに興味を持たなかったり、あまり

に放任していると、子どもは「誰も見てくれない」と自分の存在価値を否定するようになってしまいます。

この段階で必要なことは、大人がちゃんと見守っている姿勢を常に伝える続けること。声をかけ、興味を示し続けることが大切です。

しつもん例⑤
「また点数が上がったんだ！　がんばってるね。どんな勉強をしているの？」
「ずいぶん練習しているみたいだね。最近調子はどう？」

「見てくれている人がいる」という安心感と信頼感があれば、子どもたちはよろこびを感じ、自ら考えて行動を継続していきます。主体性が出てきた子どもには、ぜひしつもんを活用した声がけを繰り返してください。

このように、子どもたちがどの段階にいるかを知れば、それぞれに合った声がけやしつもんを工夫していくことができます。

保護者の中には、「うちの子は何もしないか、言ってもやらない段階で止まってる」

とがっかりする方もいるかもしれません。子どもを観察しながら上手にしつもんをするなんて無理と思っている方もいるかもしれません。

けれど、**子どもが10歳なら、親としての年齢も10歳。失敗しても当たり前です。**最初からうまくやろうせず、あの手この手で子どもの反応を試して、たくさんの失敗の中から、「あれ? 変わってきたかも!」という瞬間を見つけてほしいと思います。

最終目標は「自分で自分にしつもんする」

今、私はしつもんメンタルトレーニングの講師として、全国のチームや学校から声をかけていただき、現場に出かけています。けれど、私の最終的な目標は、自分が行かなくてもよくなることです。

つまり、「選手(子ども)たち自らがしつもんをつくり、そのしつもんに自分たちで答えることができる」状態をつくることだと考えています。

しつもんに答えることに慣れてきたら、私は子どもたち自身がしつもんをつくる経験を増やしていきます。「しつもんをつくる」という行為そのものが、主体性がなければできないからです。

ここで簡単なワークをしてみましょう。

たとえば、子どもも大人も好きな「カレー」。カレーに関するしつもんをつくるとしたら、どんなものを思い浮かべますか？


「カレーは好きですか？」

「カレーに使う肉は何ですか？」

「近くにおいしいカレー屋さんはありますか？」

「カレーの具は何を入れますか？」

「甘口、中辛、辛口、どれが好きですか？」

「カレーについてどんな思い出がありますか？」


これは実際に講座でおこなうワークの一部です。

カレーの具について知りたいと思った人もいれば、おいしいカレー屋さんを知りたいという人もいます。出てきたしつもんを参加者同士でシェアをすると、「ああ～！ そのしつもんがあったね！」という声が必ずといっていいほどあがります。

他人から与えられたしつもんに答えているだけでは、主体性は生まれません。カレーに好奇心を持つことができれば、次から次としつもんが生まれます。好きか嫌いか。どんなお肉を使うか。どんなお店があるのか。どんな思い出があるか。過去を思い出してみると、いつもはただ食べるだけだったカレーが思い出の一皿になったり、新たな自分を発見することもできます。

このように、**1つのことに対して次から次へとしつもんを考えることは夢中になれている証拠です。よいしつもんは好奇心と探究心をあと押ししてくれます。**

クローズドクエスチョンとオープンクエスチョン

しつもんをつくるというと難しく考えてしまいがちですが、ゲームを取り入れながらしつもんづくりをすることができます。

「私は誰でしょう」というゲームがあります。AさんとBさんが2人組になって、Aさんは身のまわりにあるものや好きな分野の「あるもの」だと仮定します。「冷蔵庫」「サッカーボール」「好きな芸能人」でもよいでしょう。Aさんが何になるか決めたら、BさんはAさんにしつもんを使って、それが何かを当てていきます。

「あなたはどこにいますか？」
「あなたはどんなときに使われますか？」
「あなたはテレビに出たことがありますか？」
「あなたは何色ですか？」

守ってほしいルールは1つ。「あなたは何（誰）ですか？」というしつもんだけはNGです。それ以外のしつもんをどんどんしていき、当てるまで続けます。

しつもんには種類があり、答えが「はい・いいえ」で答えられるものを「クローズドクエスチョン」、「はい・いいえ」では答えられない、幅広い回答が得られるものを「オープンクエスチョン」と言います。

たとえば、「あなたはどこにいますか？」は答えが幅広くなるのでオープンクエスチョン。「あなたはテレビに出たことがありますか？」は「はい・いいえ」で答えられるのでクローズドクエスチョンです。

このゲームを何回もしていると、最初はオープンクエスチョンを使ってある程度的を絞っていき、クローズドクエスチョンで対象にどんどん近づいていくことができると気

図：クローズドクエスチョンとオープンクエスチョン

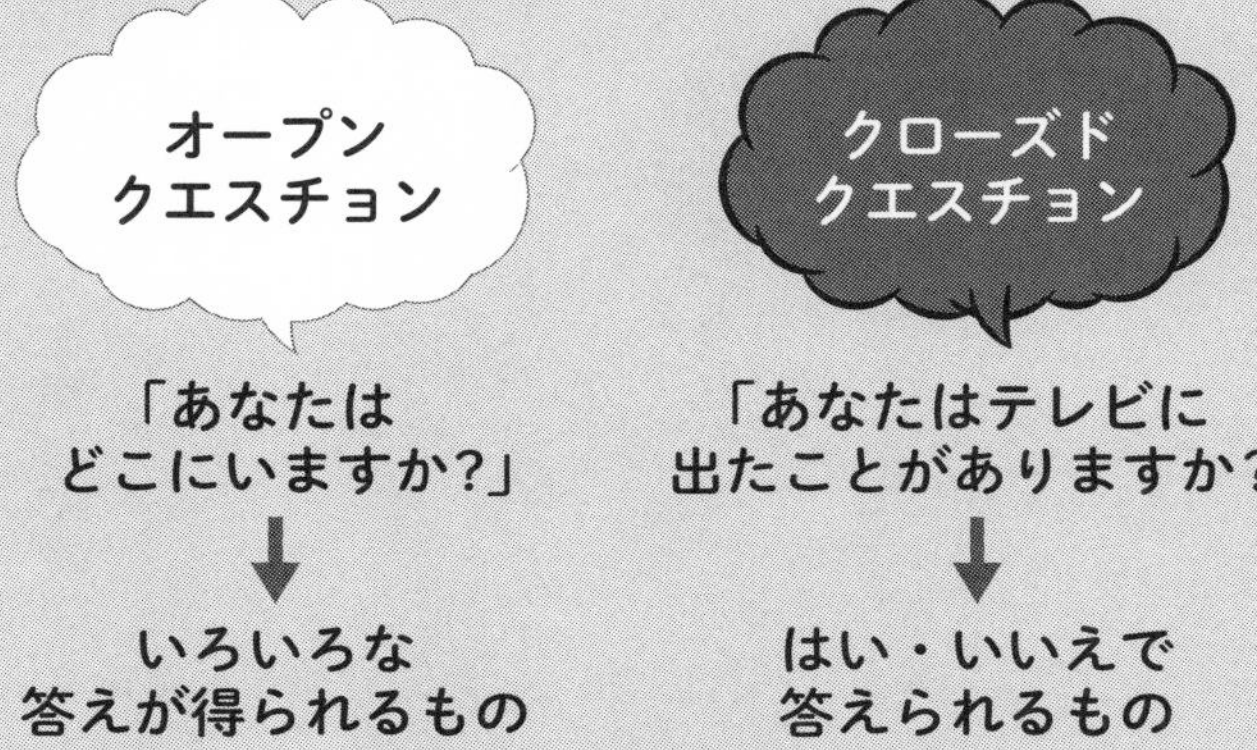
オープン
クエスチョン
「あなたは
どこにいますか?」
いろいろな
答えが得られるもの
クローズド
クエスチョン
「あなたはテレビに
出たことがありますか?」
はい・いいえで
答えられるもの

づく子もいます。

2人組とお伝えしましたが、しつもんをするのは何人でも構いません。お風呂や車の中など、ちょっとしたすき間でできるゲームです。子どもたちも楽しみながらしつもんを考えることができますので、ぜひ試してみてください。

全国優勝チームが実践するしつもん

兵庫県には女子サッカーの強豪校である日ノ本学園があります。インターハイで6回も優勝しているこのチームにも定期的にしつもんを使ったメンタルトレーニングに取り組んでもらっています。

ある年の夏、インターハイに向けて準備を進める田邊友恵監督（当時）とメッセージを交換していました。「大会に向けて何かが足りない。しつもんで選手たちにできることはありませんか？」。

日ノ本学園には何度もおじゃましていて、今回も大一番に向けて現地に行って選手の顔を見ながらいろいろ取り組みたかったのですが、スケジュールの都合でどうしても訪問できません。

「東京と兵庫。遠く離れていてもできることは何があるだろう？」

私はチーム全体で取り組めることを考え、提案しました。それは、しつもんを使ったチームでの対話です。まず選手に取り組んでもらったのは、あるテーマに沿ったしつもんを書き出すことです。

設定したテーマは、「プレッシャー」。

「プレッシャー」と聞いて思いついたもの、プレッシャーに関するしつもんを思いつくままにとにかく書き出してみます。


このときのポイントは、思いついたままにしつもんを書き出す、ということです。「これはよいしつもんかな？」「これは悪いしつもんかな？」と考えずに、ひたすら黙々とたくさん書き出すことが目的です。最初から質を求めず、量を重視するのです。


次におこなったのが、出てきたしつもんの形を変換する作業です。

しつもんには種類があり、幅広い答えがある「オープンクエスチョン」と、はい・いいえで答える「クローズドクエスチョン」があることはすでに説明しました。最初に出したしつもんがオープンクエスチョンならば、クローズドクエスチョンに変換します。反対に、クローズドクエスチョンだった場合は、フリー解答ができるオープンクエスチョンに変えます。

たとえば、「どんなときにプレッシャーを感じますか？」であれば、このしつもんはオープンクエスチョンです。イエスかノーで答えられるよう、「プレッシャーを感じたことはありますか？」といったクローズクエスチョンに変換し、新しくしつもんのリストに加えます。こんなふうにしつもんの形を変える練習をすると、答えやすさについて考えたり、しつもんするときの視点を変えたりすることができます。

最後にみんなで出し合ったしつもんを4～6人で共有し、「どのしつもんから答えていきたいですか？」と優先度をつけます。**「答えたいしつもん」になっている時点で、それはよいしつもんと言えます。**選手たちが前向きになり、「答えたい」という主体的な思考に変えてくれるからです。

たとえば、「どうしたらプレッシャーを取り除けるか？」というしつもんには、「プレッシャーは悪いもの」「取り除くべきもの」という偏見や思い込みが入りがちです。けれど、前述したワークのように量を出し合い、形を変えていくと、そうした偏見がなくなっていきます。

選手たちが実際に挙げてくれたしつもん例をご紹介しましょう。

「プレッシャーと聞くと何を連想しますか？」
「よいプレッシャーとは何ですか？」

「悪いプレッシャーとは何ですか？」
「どんなプレッシャーが好きですか？」
「どんなプレッシャーが嫌いですか？」

このほかにも、プレッシャーを悪いものと決めつけずに、フラットに扱いながら、さまざまなしつもんを出し合うことができました。

たとえば高校生に「どんなサッカーが好き？」と尋ねたとしましょう。本来、どのように答えてもよいのですが、知識も経験もある高校生ならなおさらポゼッションやカウンター、いくつかある戦術のなかに正解があると思い込んでしまいます。それでは主体的な発想は生まれません。

よいしつもんとは、相手が主体的に考えられて、自由に発想できるしつもんです。そして、その答えが大切なのではなく、しつもんをすることで自ら行動したくなる、心が動き出すようにすることが目的なのです。

日ノ本学園サッカー部でおこなったワークは、チームビルディングにも最適です。グラウンドでは監督と選手、コーチと選手というミーティングをよく目にしますが、しつもんメンタルトレーニングをおこなう際には全員参加が基本です。先ほどのワークなら、監督、コーチもしつもんを出し、みんなと同じように対話をしながら答えていくのです。

チームの目標を設定するとします。監督主導でおこなうミーティングでは、仮に監督が選手に自由に意見交換をさせたとしても、チームの総意にはなりません。たとえば、選手たちは現実路線、「3回戦突破」を目標にしたとしましょう。「おまえたちの決めたことだから」とその目標を受け入れたかに見えた監督も、実際心の中では「優勝に決まっているだろう。意識の低い選手たちだ」と思っているかもしれません。

これではチームの目標とは言えませんし、一丸となって戦うのは難しい。選手に目標設定を委ねるスタイルをとる監督が増えてきましたが、私はぜひ、監督やコーチもフラットな立場で対話に参加して欲しいと思います。

大人は一緒に考える仲間

「人を好きになったとき、どうしたら運命の人だとわかるの？」

以前、ドイツのある幼稚園に視察に行ったときのことです。その園では定期的にしつもんを使った授業をしており、先生と子どもが一緒に考える時間があります。子どもたちはしつもんを考えたらメモ用紙に書き、それを部屋にある大きな瓶に入れていきます。「しつもんメモ」はどの時間に書いてもOK。ふとした瞬間に思いついたしつもんを、どんどんメモして残していくのです。そして、しつもんの時間が始まると、瓶の中からメモ用紙をランダムに取り出し、読み上げます。

「ことばって何個あるの？」
「人間はどうして地球に住んでいるの？」
「どうして戦争があるの？」
「悲しいってどういうこと？」

幼稚園の子どもたちが書いていたしつもんはまさに十人十色。一番印象に残ったしつもんは、「人を好きになったとき、どうして運命の人だとわかるの？」。まだ幼稚園の年代だからこそ、とても可愛らしく、グッとくるしつもんです。

この授業では、先生が答えを言うことはありません。「みんなはどう思う？」と、**先

生はあくまで進行役であり、一緒に考える仲間なのです。
大人が答えを伝えてしまっては、自主性や主体性を育むことはできません。
しつもんをその場にそっと置き、答えを受け止める。
一緒に考え、お互いの考えを伝え合う。
自分でしつもんをつくって、自分で考えてみる。
その繰り返しで、子どもたちは成長していくのです。

第6章 大人も好奇心を取り戻そう

90歳を過ぎても若々しいのはなぜ？

２０１８年9月に亡くなられた女優・樹木希林さんは、ガンという病気と付き合いながら、好奇心旺盛な方でした。人生１００年時代と言われるようになり、60歳を過ぎても、70歳を過ぎても、いえ、90歳でも１００歳でも若々しさを感じる方が増えています。

スマートフォンを使いこなし、10代のお孫さんとラインで会話する人。使いこなすどころか自分でアプリまでつくったという人。夫婦でおそろいのコーデをインスタグラムにアップし、書籍化した人など、自分がその年齢になったときに果たしてこんなに若々しくいられるだろうか？　と思うような素敵な笑顔をしています。

将来こうありたいなと思う若々しさを保つ人に共通するのは、好奇心旺盛であることです。

「スマートフォンってどう使うの？」
「インスタグラムって何だろう？」
「TikTokって知ってる？」

「VRはどこで体験できるの？」

「そんなの若い人がするものだ」「自分には無理」という固定観念がなく、新しいことにどんどん挑戦しようとします。さらに、年齢を気にしてしまう世間一般のものさしではなく「これは楽しい！」と自分の心に素直で、まわりがどうであろうと楽しみを見つけることが得意であることも共通しています。

そう、一言で言うと彼らはとっても「ミーハー」！

ミーハーというと、流行には飛びつくけれど、飽きっぽくて軽薄というイメージがありますが、**大人にとってミーハーであることは若々しさの証拠**だと私は思っています。自分自身を取り巻く思い込みの枠を超え、新しいことに興味を持ち、新たな可能性を探し、目をキラキラさせて人生を楽しむ姿を見て、じつは「うらやましいな」と思っている人のほうが多いのではないでしょうか？

老夫婦に教わった円満の秘訣

オーストラリアのバイロンベイという街を旅したときのことです。その街で、いつも笑顔が絶えないある一組の老夫婦に出会いました。将来、こんな夫婦になれたらなあと憧れ、私は思い切ってこうたずねました。

「夫婦円満の秘訣は何ですか?」

ひねりのないよくある質問ですが、自分もこうなりたいなと思えるおふたりを前に、私は興味を抑えきれないでいたのです。私の問いかけに奥さんは微笑みながらこう答えてくれました。

「知り合った頃のように、お互いに興味を持ち続けることよ」

好奇心は「すべてを知っている」という勘違いをきっかけにしぼみはじめます。すると、会話も少なくなり、いつしかお互いの関係性が悪化しはじめるのです。

確かに、交際して間もないカップルは、カフェの注文でさえ「それ、好きなの?」と問いかけ、相手の世界観を知ることを大切にしています。

「理解できない」の多くは「理解しようとしていない」ことからはじまります。つまり、相手の心の中に好奇心を抱けなくなってしまっているのです。

好奇心のよいところは、その気持ちさえあれば今すぐに力を発揮できることです。興味がなくなったら、また興味を持てばいい。好奇心を持つことは、私たちが幸せになるための手段の1つでもあるのです。

自分のことをどれだけ知っていますか？

好奇心旺盛で、好きなことに取り組んで人生を楽しむ人を見て心がザワザワする人は、こう思うかもしれません。

「じゃあ、私はどうしたいんだろう？」

他人をうらましく思うのは、「自分もそうしたい」という欲求が心のどこかにあるからです。サッカーで選抜に選ばれたり、賞をもらったりした友人に対し、まったくサッカーに興味がない、または自分がサッカーをやっていなければ、「おめでとう！　すごいね」と祝福することができます。けれど、もし自分もサッカーをしていて、上のレベルを目指しているのであれば、祝福する気持ちはあれど、「いいな。悔しいな」という気持ちが湧き上がってくるのは自然なことです。

あなたは「自分のことをもっとよく知りたい！」という欲求をどれほど持っていますか？

好奇心旺盛でいつまでも若々しくいられる方は、自分をよく知っている人です。これが好き、これは嫌い。嫌いという感情もそのままに受け止め、好きなことの時間を増やしていく。

自分の好奇心に素直に従うことができたら、「好き」がどんどん増えていって、ますます自分を好きになることができます。

自分を知ることは、スポーツの場面では集中力を高めたり、よりよい結果につなげるために必要なことです。

試合の2時間前に会場入りしたら気持ちに余裕ができた、これを食べたらちょっと調子が悪くなった、この音楽を聞いたときはリラックスできた――試合や練習で技術的な振り返りをするのと同じように、自分の気持ちや状態について振り返りを積み重ねることは、まさにメンタルトレーニングの一環です。

「何も才能がないのですが、どうしたらいいのですか？」という質問をいただくことがあります。

このとき、才能がないと思っているのは誰でしょう？　そう、ほかでもないあなた自身です。もし、他人から才能がないと言われたことがあったとしても、「いやいや、自分には才能がある」と思う選択肢は残されているはずです。

あなたに才能がないのではなく、自分が何の才能を持っているか、まだあなた自身が知らないだけ。だから私は、「いろいろな体験を増やしていってください」とお伝えするようにしています。

今才能がないと感じるのであれば、何の才能があるか見つかるまで、体験を重ねる。野球の才能がないかもと思っていても、試合のスコアをつけているうちに野球分析に対する才能が見つかるかもしれない。試合のビデオ係を任されて、編集作業にのめり込むことがあるかもしれない。それは将来、スコアラーやスカウティング、映像分析といった仕事につながる立派な才能です。

また、足だけは速いねと言われてたまたま出た陸上大会で、市内でトップになるかもしれない。練習日誌をつける延長でツイッターに言葉を残していたら、「言葉のセンスがいい！」とある日取材が来るかもしれません。

自分の才能を見つけるためにも、しつもんを活用し、自分が何に好奇心を抱くのかを探してみてください。


「何をすることが好き？」

「何をすることが嫌い？」

「どんなことをされるとうれしい？」

「どんなことをされると悲しい？」

「どんなときに心地よさを感じる？」

「どんなときに心の内側がざわざわする？」

心の中の感情を掘り下げていくと、「こういう自分もいるんだ！」と新たな発見があるはずです。

大人が好奇心を取り戻す3つの方法

●1 「なぜ？」と問いかける

「空はなぜ青いの？」
「お星さまはどうして光って見えるの？」

子どもの頃、まわりにあるものや見えるものに対し、素朴な疑問を持っていた時期が誰しもあるはずです。けれど、大人になるにつれ、学校で勉強をして、仕事もして、泣いて笑って怒って悲しんで自分の感情も一通り経験し、私たちは「知っている」つもりになっています。

でも、何もかも本当に知っていますか？

身のまわりにあること、自分の感情、いつも通りの日々に「なぜ？」という疑問を持ってみると、これまで見えた世界が一変します。「なぜ？」「どうして？」というしつもんを常に持つことは、大人が好奇心を育てるためのテクニックの1つです。

また、今現在、夢を持って歩んでいる人であれば、立ち止まってこう問いかけてもいいでしょう。

「私はなぜこの夢を実現したいんだろう？」

このしつもんに対しては、心の奥にある本当の理由が返ってくるはずです。

しつもんを活用することは、いつでも、誰でも、どこでもできること。今もしあなたがこの本を本屋さんで立ち読みしていたとしてもできます。まわりを見渡して、「なぜ？」を探してみてください。

●2 自分を満たす～シャンパンタワーの法則

毎日仕事や家事で忙しく、ゆっくり読書をする時間も取れない。たまには子どもと離れる時間を持って、一人でカフェに立ち寄ってみたい。

この本を手に取ってくださるみなさんは、仕事のほかにもボランティアでスポーツチームにかかわったり、育児中で子どもと過ごす時間が多いと思います。

「好奇心を持てと言われても、今の生活でいっぱいいっぱい……」

講座や講演会で全国を回り、子どもとかかわる方々と接していると、そう思いたくなる気持ちもとてもよくわかります。

大人である私たちが好奇心を取り戻すためには、心の余裕とも呼べる、新たな物事に興味を持つためのスペースが必要です。そのスペースがなければ、新しい好奇心の種が運ばれてきても、受け入れ、育てることは難しくなります。

心理学に「シャンパンタワーの法則」というものがあります。何段にも積み上げられたグラスにシャンパンを注いでいく光景は、幸せの象徴として結婚式などのセレモニーでよく見ます。

タワーの一番上にあるグラスにシャンパンを注いでいくと、下のグラスにもどんどん流れ込んで全体が満たされる仕組みですが、**子どもたちとの関係で見ていくと、一番上にあるグラスがあなた自身のものであることに多くの人は気づいていません。**

親だから子ども優先で。コーチだから選手を一番に。その思いは思いとして、とても尊いものです。けれど、シャンパンタワーの法則で考えると、一番上にいるあなたのグラスが満たされなければ、あなたからエネルギーを受け取るはずの子どもたちのグラスはいつまで経っても満たされることはありません。

自分を犠牲にしてがんばりすぎてしまうと、「私がこんなにがんばっているのに…」「どうして自分だけ…」というネガティブな思いが強くなってしまいます。

「私は今、何をすれば心地よくなるんだろう？」

そう自分にしつもんして、やりたいことを1つだけでいいから行動に移してみる。ずっと行きたかったカフェに寄ってもいいし、好きだったマンガを読み返すのでもいい。心地よい時間を過ごせば、エネルギーが充電され、心が満たされていきます。すると肩の力が抜け、余裕が生まれます。その状態だからこそ、子どもたちの言葉をそのまま受け止めたり、笑って過ごせるようになるのです。

まずは自分自身を満たしてあげてください。

●3　変化を取り入れる

好奇心のない日常は、「いつも通り」のまま通り過ぎていきます。あなたはまだ、心が退屈していることに気づいていません。

けれど、**「いつもとちょっと違う」ことを選ぶだけで、新たな世界の扉が開かれていきます。**

美容室に行ったときに、雑誌を差し出されたら、その中から選ぶ人がほとんどだと思います。

「この人は中年の男性だから、こういう雑誌を読むだろう」

「この人はママだから、今読みたいのはこの雑誌だろう」

美容師さんはあなたを見て、そういう判断をして、雑誌を選びます。もちろん、それは間違ってはいません。けれど私の場合、そんなときこそいつもは選ばない分野の雑誌や本を読むことで、新たな世界の扉を開くことが好きです。

書店に行ったときもそうです。私の専門である心理学やスポーツとはまったく関係のない、ふだんはあまり読まない分野の本棚をのぞき、ペラペラとページをめくる。鉄道の世界や写真の世界を知り、「これは何だろう?」「どうやって撮影するんだろう?」と好奇心が刺激される感覚がたまらなく好きなのです。
講座には女性の方も参加しますので、女性向けの雑誌も読みます（本屋さんで手に取ることはなかなか恥ずかしいものがあるので、スマートフォンやパソコンで読むことがほとんどですが）。そこで得た情報は「それ、雑誌で見ましたよ」と会話のきっかけにもなるし、新しい視点を得られることもしばしばです。

「寄り道したらいけませんよ」。私たちはそう子どもの頃は教わりました。まっすぐ家に帰ること。買い食いなんてもってのほか。
でも、寄り道ほどおもしろいことはない、と多くの人は気づいています。

「ここには何があるんだろう？」
「この道を行くと、どこに着くんだろう？」

地図を見るのではなく、自分の好奇心に従って、ワクワクする気持ちに素直になってみる。長い人生の中で、「**寄り道をしたからこそ今がある**」と思っている方も多いはずです。

将来、ＡＩが発達して仕事や教育環境に大きな変化が生まれても、「ゼロから何かを生み出すことは人間にしかできないだろう」と言われています。何かが生み出されるとき、そこには「これだ！」というヒラメキや発見があります。それらの多くは、じつは融合によって生まれています。創造性は空白からは生まれません。

すぐれたイノベーターや芸術家は、膨大な知識を蓄えていて、必要な情報を必要なときに無意識に引き出すことができます。熟知しているからこそ、そこから類推を働かせて、ちがうパターンを発見する。これとこれを組み合わせたらどうなる？　と好奇心が働くとき、独創性が生まれ、世界は進化していくのです。

「私には関係ないことだから」
「寄り道しないで、この道を行かなきゃ」

そうやって変化を求めずにいると、好奇心はどんどんしぼんでいきます。たまには意図的に流されることを楽しんでみたり、「ちょっとだけ」違う世界をのぞいてみたり、好奇心に従って変化を取り入れることは、人生を前進させてくれます。

今を楽しむ

将来困らないように、習い事をさせよう。

学校での勉強についていけるように、今から英語を習わせよう。

大人と子どもとの関係性が近ければ近いほど、「将来のため」と思って子どもの心配をする。このとき、子どもの気持ちが「今」にある一方で、大人は「将来」に目を向けすぎている場合があります。


好奇心を取り戻す最大の方法は、「今を楽しむ」心を持つことです。

未来のためではなく、今この瞬間を、全力で楽しむ。


その重要さを実感したのは、ドイツのミュンヘンでおこなわれている、「ミニミュンヘン」というイベントを視察したときのことです。

このイベントは文字どおり、小さなミュンヘンの都市が再現され、それを動かしているのは7歳〜15歳の子どもたち。夏休みの3週間だけつくられる仮想都市に子どもたちが住み、働き、遊んでいます。

特別な場合を除き、大人がその場所にいられるのはたった30分！　ミニミュンヘンには「子ども警察」がいて、大人が歩いていると「ビザは持っている？」と聞かれ、持っていないと「出て行って」と言われてしまうほどです。

子どもがつくる、子どもだけの都市。視察が終わったあと、代表者の方にこう質問しました。


「ミニミュンヘンで、子どもたちにはどのような力が生まれますか？」


視察団は仕事の一環として行っている人ばかりですから、ある意味当たり前の質問です。しかし、こう言って怒られてしまいました。

「私はそのような質問が嫌いです。**子どもたちは単純にここが楽しくて、好きでここに来ている。それ以上の理由が必要ですか？**」

ハッとさせられました。ここが好き。ここが楽しい。今が楽しい。それで十分じゃないか。視察した子どもたちと同様、強烈なメッセージを受け取った気がしました。

大人の私たちが好奇心旺盛に笑顔で楽しそうにしていれば、楽しそうなことに敏感な子どもたちはこう聞いてきます。

「ねえ、何してるの？」

その言葉が生まれたならしめたもの。ぜひ一緒に時間を過ごし、好奇心を育ててあげてください。

最後に、子どもたちに好奇心を抱いてほしい私たちがすぐにできる、最高の方法がひとつあります。それは、私たちが目の前の子どもたちに好奇心を抱くこと。

――きみのことをもっと教えて。すごく興味があるんだ。

答えを見つけることではなく、問いかけることで、人生は動き出します。子どもたちの「知りたい」は、私たちの「知りたい」から生まれるのです。

おわりに

「好きだから、子どもたちはここにやってくる。それがもっとも重要なことではないですか？」

ミニ・ミュンヘン創始者であるグリュー・ナイズルさんの言葉は今でも私の心に響いています。私たちはつい「これにはどんな意味があるのか？」「どんな力が身につくのか？」「どんな価値があるのか？」と考えることばかりに重きを置き、自分の心が本当に求めていることを大切にできなくなっているのかもしれません。

不確実な未来を生き抜くために、さまざまな能力やスキルを身につけることは大切です。けれど、それと同じくらい、いいえ、それ以上に好奇心を引き出す機会をつくることが重要だと私は信じています。

驚きと感動の種をまく――子どもの心に火をつける探究型授業をおこなっている「探

究学舎」代表の宝槻泰伸さんの言葉です。なんて素敵な響きなのでしょうか。
かつて子どもだったあなたは、きっと知っているはずです。

「好き！」「知りたい！」「やりたい！」

好奇心が湧き上がったときの子どもの瞳の輝きを。ワクワクした表情を。それくらいにしたらという言葉に耳を貸すことなく、一心不乱に取り組もうとする小さな姿を。その実現のためにこの本が少しでもお役に立つのなら、これほどうれしいことはありません。

今回、出版するに当たり、自分の未熟さを棚に上げながらも、自身の小さな経験と想いをつづらせていただきました。私自身も発展途上です。本書で述べた内容に地道に取り組みながら、また好奇心旺盛にアンテナを張りながら、子どもたちの未来のために一歩ずつ前に進んでいけたらと思っています。

本書の出版にあたり、ご協力いただいたみなさま、日ごろアドバイスをくださる多くの方々に心より感謝申し上げます。「おもしろい本をつくりましょう」と声をかけてくださった旬報社の熊谷満さん、とりとめのない内容を粘り強く言葉にしていく伴奏をしてくださった鈴木あゆみさん、お二人のご協力がなければこの本は生まれませんでした。

また、**「子どもたちを幸せにするためにできることは何だろう？」**、このしつもんに向き合い、いつも語り合うことのできるしつもんメンタルトレーニングのインストラクターやトレーナーの仲間にも本当に感謝しています。

そして何より、小さな頃から好奇心いっぱいで、何事も長く続くことのない私をあたたかく見守ってくれた両親に感謝します。いつまでも子どものような好奇心を抱けているのは二人のおかげです。本当にありがとう。

最後になりますが、本書を手に取ってくださったみなさまに感謝します。どこかでご一緒できることを楽しみにしています。

2020年春

藤代圭一

［主な参考文献とウェブサイト］

林茂之著『脳が認める最強の集中力』SBクリエイティブ、2018年
イアン・レズリー著、須川綾子訳『子どもは40000回質問する』光文社、2016年
アラング・レジャーマン著、福澤善文・福澤良美訳『人はみなビジネスの天才として生まれる』小学館、2005年
坪田信貴著　『どんな人でも頭が良くなる　世界に一つだけの勉強法』PHP研究所、2018年
Dell Technologies
https://corporate.delltechnologies.com/en-us/newsroom/announcements/2011/06/20110628-01.html
exciteニュース
https://www.excite.co.jp/news/article/Karapaia_52193510/
Qoly 亀浦六斗「育成の代名詞「クレールフォンテーヌ」って何がすごいの？　話を聞いてきた」
https://qoly.jp/2018/05/20/what-is-clairefontaine-ksn-1?part=3
IT mediaエグゼクティブ　細川馨「戦略が確実に実行され、業績が上がる組織の動かし方」
http://mag.executive.itmedia.co.jp/executive/articles/1112/05/news007.html

藤代圭一（ふじしろ・けいいち）
1984年生まれ。しつもんメンタルコーチ。（一社）スポーツリレーションシップ協会代表理事。教えるのではなく問いかけることでやる気を引き出し、考える力をはぐくむ「しつもんメンタルトレーニング」を考案。日本女子フットサルリーグ優勝チーム、アイスホッケーU20日本代表チーム、さらには地域で1勝を目指すキッズチームまで、数多く現場で活躍。現在はスポーツだけでなく、子どもの学力向上をめざす保護者や教育関係者に向けたコーチングをおこない、そのメソッドは高い評価を得ている。著書に『スポーツメンタルコーチに学ぶ！　子どものやる気を引き出す7つのしつもん』（旬報社）『惜しい子育て　経験させるだけで満足していませんか?』（G.B.）ほか。

しつもんメンタルトレーニング　http://shimt.jp/

「しつもん」で夢中をつくる！
子どもの人生を変える好奇心の育て方

2020年 5 月15日　　　初版第 1 刷発行

著者……藤代圭一

編集協力……鈴木あゆみ
ブックデザイン……宮脇宗平
カバーイラスト……秋野純子
編集担当……熊谷 満
発行者……木内洋育
発行所……株式会社旬報社
〒162-0041
東京都新宿区早稲田鶴巻町544 中川ビル4F
TEL：03-5579-8973
FAX：03-5579-8975
HP：http://www.junposha.com/
印刷製本……中央精版印刷株式会社

ISBN978-4-8451-1635-5